Friedrich August Berthold Nitzsch

Augustinus Lehre vom Wunder

Friedrich August Berthold Nitzsch

Augustinus Lehre vom Wunder

ISBN/EAN: 9783744668521

Hergestellt in Europa, USA, Kanada, Australien, Japan

Cover: Foto ©Thomas Meinert / pixelio.de

Weitere Bücher finden Sie auf **www.hansebooks.com**

Augustinus'

Lehre vom Wunder.

Ausführlich dargestellt

von

Lic. Friedrich Nitzsch,

Privatdocenten an der Universität Berlin.

Berlin, 1865.

Druck und Verlag von E. S. Mittler und Sohn.

(Kochstrasse 69.)

Inhalt.

Vorwort und Einleitung.

Die jüngste Vergangenheit hat zahlreiche Schriften in's Dasein gerufen, welche, sei es mehr von kritischen und historischen oder mehr von apologetischen und dogmatischen Gesichtspunkten aus, das Leben Jesu zum Gegenstand neuer eingehender Untersuchungen und polemischer Erörterungen machten. Die Objecte des Kampfes, um welche sich diese literarischen Verhandlungen drehen, sind nun offenbar zahlreich und vielartig; allein fast alle stehen sie in einem näheren oder entfernteren Zusammenhang mit dem Kernpunkt des ganzen Streites, mit der Frage, ob die biblischen Wunder metaphysisch möglich und offenbarungsgeschichtlich nothwendig waren, so wie, ob sie nach den Gesetzen der historischen Forschung als thatsächlich anzuerkennen sind. War diess aber der Kernpunkt des Streites, so konnte es nicht fehlen, dass auf Veranlassung desselben auch die Dogmatiker und Religionsphilosophen dem Begriff des Wunders und der Lehre vom Wunder neuerdings eine gesteigerte Aufmerksamkeit zuwandten. In den Kreis dieser Letzteren will sich der Verfasser vorliegender Abhandlung für jetzt nicht eindrängen. Wohl aber betritt derselbe, auch seinerseits angeregt durch jene brennende Frage, ein Gebiet, welches an das von Jenen cultivirte unmittelbar angrenzt, indem er einen Beitrag zur dogmengeschichtlichen Beleuchtung der Lehre vom Wunder veröffentlicht.

Es handelt sich dabei freilich zunächst nur um Ein Glied in der Kette der dogmengeschichtlichen Entwickelung, um die Theorie des h. Augustinus, also eines Mannes, dem man bei

aller sonstigen einstimmigen Hochachtung — hinsichtlich der
Lehre vom Wunder einen Ehrenplatz unter den Trägern der
Kirchenlehre einzuräumen insgemein weder gewohnt noch ge-
willt ist. Aber diese letztere Thatsache war nicht geeignet, den
Verfasser von seinem Unternehmen abzuschrecken; sondern im
Gegentheil, gerade sie reizte ihn zu demselben, sobald er sich
davon überzeugt hatte, dass jenes Urtheil nichts anderes
ist, als ein eingewurzeltes Vorurtheil. Es lässt sich
gewiss nicht verkennen, dass in unserem Jahrhundert behufs
der Stützung, der Befestigung und des weiteren Ausbaues der
kirchlichen Lehre vom Wunder manche Steine herbeigetragen
worden sind, welche aus dem Lehrgebäude Augustins nicht
herausgebrochen werden konnten, weil sie in diesem — auch
als Rohstoff — noch nicht enthalten waren. Dagegen glaubt
der Verfasser den Satz vertreten zu können, dass so ziemlich
alles, was bis zum Anfang unseres Jahrhunderts zur
Vertheidigung des Wunderglaubens gesagt worden ist, entweder
implicite oder sogar explicite schon im Augustinus steckte. Das
Neue, was man gewöhnlich bei einigen Scholastikern findet,
besteht lediglich in einer etwas schärferen, von einigen neuen
Terminis begleiteten Formulirung dessen, was Augustinus
ausführlich oder kurz an einer der unzähligen bekannten oder
verborgenen Stellen seiner Schriften, die vom Wunder handeln,
längst ausgesprochen hatte.

Aber auch die Präformationstheorie eines Bonnet und der
Lösungsversuch eines Leibniz, sowie der Naturbeschleunigungs-
process eines Olshausen und seiner Vorgänger begegnen uns
in ihren Grundzügen schon bei dem Bischof von Hippo; gleichwohl ist die landläufige Ansicht, dieser kenne nur ein relatives
und subjectives, kein absolutes und objectives Wunder, wie
sich zeigen wird, völlig unbegründet. Kurz — Augustin be-
herrscht rücksichtlich der Apologetik des Wunderglaubens gewissermassen die ganze Periode von mehr als dreizehn Jahr-
hunderten, die auf sein Zeitalter folgte und bis in unser Jahrhundert hineinreicht.

Auf der anderen Seite ist er aber auch der Erste, der
eine umfassende Theorie und Apologie desselben entwarf. Aller-

dings hatte ihm Origenes einigermassen vorgearbeitet. Schon unter der Hand dieses Religionsphilosophen war das Wunder aus einer blossen Waffe der Apologetik zugleich zu einem Gegenstande derselben geworden. Schon er hatte bis zu einem gewissen Grade erkannt, dass der Glaube an Wunder mit der Thatsache der Herrschaft einer Naturordnung in Einklang gesetzt werden müsse; und indem er auf den Unterschied hingewiesen hatte, welcher zwischen dem Uebernatürlichen (ὑπὲρ φύσιν) und dem Widernatürlichen (παρὰ φύσιν) stattfindet, der kirchlichen Theologie aller Zeiten einen bedeutungsvollen Fingerzeig gegeben. Diesem Ansatz zu einer Begriffsbestimmung des Wunders und zu einer Vertheidigung seiner metaphysischen Möglichkeit waren ferner gewisse Andeutungen zur Seite gegangen, welche, zunächst veranlasst durch die von Heiden geforderte und von der Kirche nicht verweigerte Anerkennung dämonischer Wunder neben den göttlichen, nicht nur (durch Hervorhebung der ethischen Qualität der letzteren) deren Zweckmässigkeit, sondern ausserdem deren Nothwendigkeit in's Licht stellen sollten [1]). Diess Alles ist zuzugeben. Allein aus mehreren Gründen hatte Origenes über einen blossen Anlauf zur Aufstellung einer annähernd vollständigen und in sich abgerundeten Theorie vom Wunder nicht hinauszukommen vermocht. Diese Gründe lagen theils in der der neuplatonischen theilweise ähnlichen Weltanschauung des Origenes selbst, theils in den Umständen der Zeit, in der er wirkte. War dem Origenes die Materie „nicht etwas für sich Seiendes, das dem Geiste möglicher Weise einen Widerstand leisten könnte, sondern kaum mehr als der erscheinende Geist, ohne Realität, ein blosses, substanzloses Phänomen": so konnte ihm die relativ selbstständige Bedeutung der Sinnenwelt nicht recht zum Bewusstsein kommen; diess hatte aber die Folge, dass er das Gewicht der dieser Welt innewohnenden Naturgesetze nicht genügend würdigte und dass ihm daher die Aufgabe, das unmittelbare, wunderbare Eingreifen Gottes in dieselbe erst noch

---

1) Vgl. H. Schmidt: Origenes und Augustin als Apologeten (Jahrb. für deutsche Theol. herausg. von Dr. Liebner u. A., VIII, 2, 1863, S. 302 ff.).

begreiflich zu machen, nicht als eine sonderlich dringende erscheinen konnte. Augustin dagegen war zwar gleichfalls in
der ersten Periode seines Lebens vom Neuplatonismus tief be-
rührt worden, hatte jedoch den Spiritualismus desselben allmählich abgestreift und wusste die Tragweite der bei der
Schöpfung von Gott der materiellen Welt eingepflanzten Ent-
wickelungsgesetze weit vollständiger zu ermessen, als vor ihm
Origenes. Dazu kommt der Unterschied der Zeiten. Als Origenes lebte, dachte und schrieb, stand der Glaube an Wunder
auf Seiten des äusserlich noch starken und in seiner volks-
thümlichen Gestalt eher abergläubisch wundersüchtigen, als
ungläubig wunderflüchtigen Heidenthums noch in voller
Blüthe; in der Christenheit selbst aber, deren Mitglieder
im Allgemeinen sogar noch an die Fortdauer der Wunder in
der Kirche glaubten, regten sich damals noch keine Zweifel an
der Thatsächlichkeit der biblischen Wunder. Die christlichen
Apologeten hatten daher noch wenig dringende äussere Veranlassung, der Vertheidigung des Wunderglaubens besondere
Sorgfalt zuzuwenden. Anders stand es auch in dieser Hinsicht
zur Zeit des Augustin. Jetzt war das Heidenthum als Volks-
religion im römischen Reiche gebrochen, nur in den Köpfen
und Schulen der Philosophen war es noch eine Macht. Je mehr
es sich aber aus den Kreisen des abergläubischen Volkes in
die Hörsäle der kritischen Philosophen rettete und zurückzog:
desto mehr musste sich — abgesehen von einigen neuplatonischen Phantasten — der von Einzelnen (wie Celsus) schon
früher erhobene Widerspruch gegen die metaphysische Möglichkeit der Wunder schärfen, und Augustin musste als Apologet
schon desshalb auf die Befestigung dieses Bollwerkes des Kir-
chenglaubens eifriger bedacht sein, als zu seiner Zeit Origenes.
Ueberdiess gab es aber jetzt auch unter den Christen selbst
schon Manche, welche, wenngleich nicht an den Grundthat-
sachen der evangelischen Geschichte, doch an gewissen biblischen
Wunderberichten Anstoss nahmen. Das Christenthum war ja
jetzt nicht mehr, wie zur Zeit des Origenes, eine Religion, zu
welcher sich, weil das Bekenntniss mit Gefahren verbunden war,
im Allgemeinen nur solche bekannten, die von der Wahrheit

derselben vollständig überzeugt waren; sondern es war Staats-
religion· geworden, und wenigstens in den meisten Provinzen
des römischen Reiches hatten sich Schaaren von Heiden in den
Schooss der Kirche aufnehmen lassen, welche der Lehre derselben nicht in jeder Beziehung völlig ergeben waren. Diese
hatten manche Bedenken gegen die kirchliche Lehre aus den
Kreisen der hellenistischen Philosophie in die Mitte der Christenheit selbst verpflanzt. Auch der theils einfältige, theils enthu-
siastische Glaube an das Wunder, der früher die ganze
Christenheit erfüllt hatte, fehlte schon damals manchen Mit-
gliedern der Kirche nicht minder, als vielen Christen der Jetzt-
zeit. Darin lag aber für die christlichen Apologeten eine fernere
Nöthigung, die Vertheidigung des Wunderglaubens fest in's
Auge zu fassen. Kurz — es war abgesehen von allem Anderen
auch in den umgebenden Zeitverhältnissen begründet, dass
nicht schon Origenes, sondern erst Augustin der Urheber einer
eigentlichen Theorie und Apologetik des Wunders wurde.

Ist nun, mögen wir vorwärts oder rückwärts blicken, die
grosse dogmenhistorische Bedeutung des Augustin hinsichtlich
des in Rede stehenden Momentes der kirchlichen Lehre (wie
wir sehen werden) nicht zu bezweifeln, so kann dem Gegenstande, dem diese Abhandlung gewidmet ist, mindestens ein
hervorragendes dogmengeschichtliches Interesse nicht abge-
sprochen werden.

Es frägt sich nur, ob derselbe nicht in der vorhandenen
Literatur bereits zur Genüge behandelt ist. Diese Frage muss
aber verneint werden. Eingehend und auch nur annäherungs-
weise erschöpfend ist des Augustinus Lehre vom· Wunder
nirgendwo behandelt, wohl aber (in den meisten dogmengeschichtlichen Lehrbüchern) fehlerhaft oder doch einseitig oder
wenigstens unvollständig [1]).

----

[1]) Unvollständig — es ist diess kein Vorwurf — sind auch die betreffenden sehr dankenswerthen Abschnitte in Neander's Dogmengeschichte, Koest-
lin's Abhandlung über das Wunder in Herzog's Realencykl. und in H. Schmidt's
oben erwähnter Abhandlung. —
  In der jüngst erschienenen zweiten Auflage der Dogmengeschichte von
Carl Beck ist die Theorie des Augustin durch eine einzige, keineswegs gut

Nachstehender Versuch beruht auf einer Vergleichung aller
Hauptstellen über das Wunder, welche sich in den Schriften
Augustins zerstreut finden, also nicht etwa nur auf den wenigen, welche aus den Hand- und Lehrbüchern Bretschneider's
und Münscher's in fast alle dogmengeschichtlichen Compendien
übergegangen sind, auch nicht ausser diesen nur auf solchen, die
in den von Vielen fast allein ausgebeuteten Büchern „de civitate Dei" sich finden. Die Mehrzahl jener Hauptstellen findet
man im Anhang abgedruckt [1]). Hierfür glaubte der Verfasser
Sorge tragen zu müssen, theils, weil er eine genaue Controle
seiner Ergebnisse wünscht, während doch die Schriften des
Bischofs von Hippo auch unter den Theologen nicht Jedem
ohne Weiteres zur Hand sind, theils, weil viele jener Stellen
— ganz abgesehen von dem Zwecke dieser Abhandlung — an
und für sich interessant und lesenswerth sind, theils endlich,
weil der Verfasser für möglich und wünschenswerth hält, dass
Andere aus den von ihm zusammengetragenen Materialien noch
reichere Schätze heben werden, als er selbst gehoben hat, diesen
aber den Weg ebenen wollte. Viele Citate, welche der Anhang
im Original darbietet, finden sich im Verlauf der Abhandlung
mittelst einer Uebersetzung interpretirt. Hiermit ist denjenigen,
welche, ohne mit der Originalsprache vertraut zu sein, sich
für die Wundertheorie des h. Augustinus interessiren, hoffent-
lich ein Dienst geleistet; denen aber, welche gewohnt sind, auf
die Urtexte zurückzugehen, wenigstens kein Hinderniss in den
Weg gelegt.

---

gewählte Stelle charakterisirt. Dieselbe gehört zu den zahlreichen Citaten
jenes Handbuches, deren Heimath aufzuspüren der Verf. seinen Lesern über-
lässt, anstatt, wie es von wissenschaftlichen Werken die wohlberechtigte Sitte
fordert, das betreffende Buch und Capitel anzugeben.

[1]) Die römischen Zahlen, welche in der Abhandlung in Parenthese bei-
gefügt sind, verweisen auf die betreffende Nummer im Anhang.

Erstes Capitel.

Begriff des Wunders.

———

§. 1. **O**hne Zweifel empfiehlt es sich, wenn wir feststellen wollen, was Augustin unter einem Wunder versteht, von denjenigen Aussprüchen desselben auszugehen, welche entweder förmliche und eigentliche Definitionen dieses Begriffes enthalten oder doch so geartet sind, dass sich mittelst einer geringfügigen, rein formellen Umbildung des gegebenen Inhaltes eine Begriffserklärung im Sinne des Urhebers aus denselben herausheben lässt. Dergleichen Sentenzen dürfen zwar nicht die einzige Grundlage für die Feststellung seines Wunderbegriffs bilden, weil sich dieser rücksichtlich verschiedener Merkmale in anderen Aussprüchen unwillkürlich noch deutlicher verräth; allein sie müssen den Ausgangspunkt der Untersuchung bilden. Ich beginne damit, eine Anzahl solcher unmittelbaren oder mittelbaren Begriffserklärungen zunächst ohne Weiteres hinzustellen, um sodann meine Erörterungen daran anzuknüpfen:

1. De utilitate credendi cap. 16, §. 34 (xxxvii):

„Ein Wunder nenne ich jede schwer zu bewerkstelligende oder aussergewöhnliche Erscheinung, welche über die Erwartung oder die Kräfte dessen, der sich (darüber) wundert, hinausgeht."

2. De ordine lib. I, cap. 1, §. 8 (ii):

„Woher anders pflegt die Verwunderung zu entstehen oder was anders ist die Mutter dieser fehlerhaften Neigung *), als

———

*) Aug. hat später bereut, die admiratio ein vitium genannt zu haben, und nimmt retractat. I, 3, §. 2 diese Bezeichnung zurück.

eine ungewöhnliche Erscheinung ausserhalb der ersichtlichen Ordnung der Ursachen."

3. Epistola 162, § 6 ff. (ix):

[Aug. spricht hier von Visionen und fährt dann fort:] „Dieses ist desshalb wunderbar, weil es einen zu verborgenen Grund hat, als dass derselbe gesehen oder einem Menschen von einem Menschen nachgewiesen werden könnte. Denn das ist die Ursache der Verwunderung, dass entweder der Grund irgend einer Erscheinung nicht sichtbar ist, oder eben diese Erscheinung aus dem Kreise des Gewöhnlichen heraustritt, weil sie entweder einzig oder selten ist." [Weiter unten (§. 9) heisst es in demselben Briefe:] „Von verschiedenen Veränderungen ist der Grund verborgen, und daher rührt die Menge (silva) aller der sinnfälligen (visibilium) Wunder."

4. De civitate Dei lib. XXI, cap. 8 (xxxv):

„Ein Wunder (portentum)*) geschieht nicht wider die Natur, sondern wider die bekannte Weise der Natur."

5. Contra Faustum lib. XXVI, cap. 3 (xxxxi):

„Nicht unschicklich sagen wir von Gott, dass er etwas wider die Natur thue, was er thut im Widerspruch mit dem, was wir an der Natur kennen. Denn auch den uns bekannten und gewöhnlichen Lauf der Natur bezeichnen wir als Natur, und wenn Gott etwas im Widerspruch mit diesem thut, so nennt man das Grossthaten oder Wunderthaten (magnalia vel mirabilia)."

6. Contra Faustum lib. XXIX, cap. 2 (xxxxii):

„(Wunder) bezeichnet man insgemein als widernatürlich, nicht weil sie der Natur zuwiderlaufen, sondern weil sie die uns geläufige Regel der Natur überschreiten."

7. Epistola 199, §. 34 (x):

„Wann sahen wir die Sonne so verdunkelt, wie sie verdunkelt ward, als das Licht der Welt am Holze hing? Wir

---

*) Aug. bemerkt de civ. Dei XXI, 8, monstra nenne man wunderbare Erscheinungen a monstrando, quod aliquid significando demonstrent; ostenta ab ostendendo; portenta a portendendo, id est praeostendendo; prodigia, quod porro dicant, id est futura praedicant. Er selbst eignet sich jedoch diese Unterscheidungen nicht an, bindet sich wenigstens nicht an dieselben. Die biblischen Wunder nennt er gewöhnlich miracula oder signa oder magnalia (= μεγαλεῖα, vgl. Luc. 1, 49; Apostelgesch. 2, 11).

müssten denn die Sonnen- und Mondfinsternisse, welche die Astronomen zu beobachten und vorauszusagen pflegen, zu den übernatürlichen Erscheinungen (prodigia) am Himmel rechnen.... Nicht derartig war jene Verfinsterung der Sonne damals als Christus gekreuzigt wurde, und aus diesem Grunde war dieselbe wahrhaft wunderbar und übernatürlich (vere mirabilis et prodigiosus)."

8. De trinitate lib. III, cap. 5 (xxxviii):

„Gott wirket (auch) die Blitze und Donner gewöhnlicher Art. Weil aber auf dem Berge Sinai dergleichen in ungewöhnlicher Weise sich ereigneten und jene Stimmen nicht in verworrenem Geräusch sich vernehmen liessen, sondern aus ganz bestimmten Merkmalen sich ergab, dass durch dieselben gewisse Zeichen gegeben würden, so waren es — Wunder."

9. De trinitate lib. III, cap. 6 (xxxviii):

„Wenn (Ereignisse eintreten) gleichsam im ununterbrochenen Fluss der Dinge, welche ruhig dahingleiten und verlaufen und auf dem gewöhnlichen Wege aus der Verborgenheit in die Erscheinung und aus der Sichtbarkeit in die Verborgenheit treten: so nennt man sie natürlich. Wenn sie dagegen behufs Erregung der Aufmerksamkeit der Menschen auf Grund einer ungewöhnlichen Veränderung in's Dasein treten, so werden sie Grossthaten (magnalia) genannt."

10. De trinitate lib. III, cap. 10 (xl):

[Hier erwähnt Augustin zunächst diejenigen gewöhnlichen Erscheinungen, deren letzte Ursache zwar lediglich der Wille Gottes, deren nächste Ursache aber die in der sinnlichen Welt herrschende Naturordnung ist, wie Aufgang und Untergang der Gestirne, Geburt und Tod der Thiere u. s. w., sodann diejenigen, welche zwar aus derselben Ordnung abzuleiten, jedoch selten sind — wie Erdbeben, Sonnen- und Mondfinsternisse u. s. w., unterscheidet aber endlich von den Erscheinungen dieser beiden Arten diejenigen Ereignisse], „welche, obwohl gleichfalls im Gebiete der Sinnenwelt vor sich gehend, doch zu dem Zwecke in den Bereich unserer sinnlichen Wahrnehmung gestellt werden, um uns etwas, was von Gott kommt, anzukündigen, welche man im eigentlichen Sinne (proprie) Wunder und Zeichen nennt".

§. 2. Vergleicht man die vorstehenden Erklärungen ihrem Inhalte nach mit einander, so wird man nicht finden, dass sie einander widersprechen, wohl aber wird man einmal eine Verschiedenheit der Gesichtspunkte, und sodann einen gewissen Fortschritt vom Unbestimmteren zum Bestimmteren entdecken. Eine Verschiedenheit des Gesichtspunktes findet insofern statt, als die Merkmale des Wunders theils der Kategorie des Grundes, theils der Kategorie des Zweckes entnommen sind. Der Fortschritt vom Unbestimmteren zum Bestimmteren zeigt sich aber zunächst darin, dass für den Begriff des aussergewöhnlich Erscheinenden (subjectiv) und seinem ursächlichen Zusammenhange nach Unerklärlichen in den einen Formeln — in den anderen zum Theil der des gegenständlich (objectiv) Aussergewöhnlichen, welches zugleich ein Seltenes oder gar in seiner Art Einziges ist, eingesetzt wird. Dieses Moment wird aber wiederum näher bestimmt durch die Bemerkung, dass die wahrhaft wunderbaren Erscheinungen dem bekannten Gesetze der Natur zuwiderlaufen und übernatürlich (prodigiosus) sind. Wäre mit dem „contra quam est nota natura" gemeint, dass dieselben nur wegen unserer mangelhaften Kenntniss des wirklichen Naturlaufes Befremden erregten, so dass das Befremdende vor einer etwaigen vollkommneren Einsicht in das Gesetz der Natur zerrinnen würde: so enthielte diese Fassung allerdings den vorher erwähnten gegenüber kein neues und bestimmteres Moment. Wir werden jedoch sehen, dass Augustin, indem er unterscheidet, was die Natur der Dinge an und für sich in sich schliesst und was die bekannte Weise und Regel der Natur mit sich bringt, nicht den Gegensatz einerseits des Wirklichen oder Gegenständlichen, andrerseits des Vermeintlichen oder bloss Vorgestellten im Naturlauf meint, sondern den Gegensatz zweier Sphären, von denen die eine das Gesetz des nach unserem Sprachgebrauch natürlichen Verlaufes überhaupt (einschliesslich der uns etwa unbekannten Naturgesetze) in sich begreift, die andere eine höhere Gesetzmässigkeit, welche der moderne Sprachgebrauch in der Regel gar nicht der Natur, sondern vielmehr der Vorsehung oder dem göttlichen Welt- und Reichsplan im umfassenderen Sinne zuschreibt. Mit anderen Worten: was Aug. die bekannte Regel der Natur nennt, ist dasselbe, was wir schlechthin das Naturgesetz nennen. Was er jener gegenüberstellt, die Natur an und für sich, ist die

Gesammtheit dessen, was die göttliche Weltregierung mit sich bringt, in der die Naturgesetze lediglich Ein Moment bilden und welche andrerseits auch die Nothwendigkeit von Wundern in sich schliesst. — Diese vorläufigen Bemerkungen beziehen sich auf den Inhalt der obigen zehn Erklärungen. Achten wir dagegen auf die Form derselben, so gerathen wir in Versuchung, die erste als die eigentlich charakteristische herauszugreifen und zu bevorzugen. Denn diese allein ist eine förmliche Definition. Im Verlaufe unserer Darstellung wird sich jedoch zeigen. wie viel gerade ihr daran fehlt, den wirklichen Wunderbegriff des Augustinus zum allseitigen und erschöpfenden Ausdruck zu bringen, und es ist nicht ohne Bedeutung, dass sie sich in einer der früheren *) Schriften findet, deren Inhalt Aug. in seinen „Berichtigungen" (retractat. I, 14, §. 5) theilweise widerrufen hat. Wir dürfen überhaupt keinen jener Aussprüche einseitig betonen, müssen vielmehr auf Grund der von ihm dargebotenen Materialien — selbst den Wunderbegriff des Aug. zu formuliren versuchen; und es ist kein Wunder, wenn uns das besser gelingt, als ihm, weil er kein Scholastiker war und systematisch zwar zu denken, aber nicht immer zu schreiben pflegte, d. h.: hinter seinen einzelnen und zerstreuten Aussprüchen steht eine systematische und in sich zusammenstimmende Ansicht, aber diese Harmonie kommt unmittelbar und äusserlich nicht zur Erscheinung. Wollen wir nun aber seinen Wunderbegriff feststellen, so dürfen wir bei jenen definitiones formatae und informes nicht stehen bleiben, sondern wir müssen auch andere Stellen zu Rathe ziehen, welche in reichlichem Masse vorhanden sind. Für jetzt constatiren wir nur Folgendes:

1. Aug. unterscheidet Wunder im weiteren Sinne von eigentlichen oder wirklichen Wundern (proprie miracula, vere mirabilis et prodigiosus, s. oben § 1, No. 7 und 10).

2. Wunder im weiteren Sinne sind ihm alle Ereignisse oder Wirkungen, deren Hervorbringung eine höhere Kraft voraussetzt, die das Mass des Gewöhnlichen überschreiten und ihrem ursächlichen Zusammenhange nach unbegreiflich sind, sei es

---

*) Die antimanichäische Schrift „de utilitate credendi" ist schon um 391 verfasst.

nur für den, der sich eben wundert, oder für alle Menschen, sei es, dass sie selten, sei es, dass sie sogar einzig in ihrer Art sind.

3. Eigentliche oder wahre Wunder sind ihm alle in jenem weiteren Sinne wunderbaren Ereignisse oder Wirkungen, welche nicht nur diess sind, also nicht nur schwer zu bewerkstelligen, ungewöhnlich und unbegreiflich sind, sondern den in der physischen (und moralischen) Welt geltenden niederen Naturgesetzen sogar widersprechen und sich als göttliche Zeichen kundgeben, d. h. den Zweck haben, etwas, was unmittelbar von Gott kommt, anzukündigen oder zu offenbaren. *)

§. 3. Diese Fassung bedarf gegenüber den oben mitgetheilten Erklärungen im Allgemeinen keiner Rechtfertigung; doch enthält sie Einiges, was in jenen Stellen nicht unmittelbar liegt, sondern auf einer Auslegung derselben beruht, deren Nothwendigkeit sich aus diesen Stellen an und für sich nicht mit Evidenz ergibt, sich vielmehr nur mittelst Vergleichung derselben mit anderen, noch nicht erwähnten, erhärten lässt. Was in vorstehender Fassung dieser Art ist, bedarf also noch einer Rechtfertigung, und dahin gehört die Behauptung, dass Aug. unter dem, was geschieht „wider die bekannte Weise der Natur", oder was Gott thut „im Widerspruch mit dem, was wir an der Natur kennen", oder, „was die uns geläufige Regel der Natur überschreitet" — nicht derartiges versteht, was wir, vorausgesetzt wir kännten die niederen Naturgesetze vollständig, als an Wahrheit aus diesen Gesetzen hervorgegangen erkennen würden, sondern derartiges, was diesen Naturgesetzen wirklich zuwiderläuft.

Behufs der Rechtfertigung dieser unserer Auffassung ist festzustellen, was Aug. in dem hier in Betracht kommenden Sinne unter „natura" versteht. Darüber spricht er sich nun deutlich genug aus, wenn er contra Faustum lib. XXVI, cap. 3 (xxxxi) Folgendes bemerkt: „Was der Natur gemäss sei, was

---

*) Da Aug. meist von sinnfälligen Ereignissen spricht, so könnte man versucht sein, das Hervortreten der übernatürlichen Ereignisse inmitten der Sinnenwelt zu den nothwendigen Merkmalen des Wunders zu rechnen. Siehe jedoch unten §. 4 d.

wider die Natur, können Leute, die so wie ihr irren, nicht wissen. Dass man aber nach Menschenweise sagt, das sei wider die Natur, was dem den Sterblichen bekannten Brauche der Natur zuwiderläuft, dagegen haben auch wir nichts einzuwenden. Derart ist, was der Apostel sagt (Röm. 11, 24): „„So du aus dem Oelbaum, der von Natur wild war, bist ausgehauen und wider die Natur in den guten Oelbaum gepfropfet""". Von dem sagte er, es sei wider die Natur, was wider die Gewohnheit der Natur ist, welche die menschliche Erkenntniss begreift, so dass der wilde Oelbaum, in den Olivenbaum gepfropft, nicht wilde Oelbeeren, sondern das Fett der Olive hervorbringt. Gott aber, der Schöpfer und Gründer aller Naturwesen (naturarum) thut nichts wider die Natur. Denn das wird für jegliches Ding das Natürliche sein, was der thut, von dem jedes Mass, jede Regelmässigkeit (numerus), jede Ordnung der Natur herrührt (vgl. hiermit de genesi ad litteram lib. VI, §. 24 (xi): „Deo.... hoc est natura, quod fecerit"). Aber auch der Mensch selbst thut nichts im Widerspruch mit der Natur, ausser wenn er sündigt, und doch wird er durch die Strafe auf die Natur zurückgebracht. Zur natürlichen Ordnung der Gerechtigkeit gehört nämlich, dass Sünden entweder nicht vorkommen oder nicht unbestraft bleiben können. Was auch immer hiervon eintrete, die natürliche Ordnung wird gewahrt, — wenn nicht von der Seele, wenigstens von Gott.... (folgen die oben §. 1, No. 5 mitgetheilten Worte). Wider jenes höchste Gesetz der Natur dagegen, welches der Kenntniss — sei es der Gottlosen oder der noch Schwachen —·entrückt ist, handelt Gott ebenso in keiner Weise, wie er nicht im Widerspruch mit sich selbst handelt. Die geistige und zugleich vernünftige Creatur aber, zu welcher Gattung auch die menschliche Seele gehört, sieht in dem Grade, als sie jenes unwandelbaren Gesetzes und Lichtes theilhaftig wird, was möglich ist oder unmöglich; in dem Grade aber, als sie davon entfernt ist, wundert sie sich desto mehr über das Ungewöhnliche, je weniger sie das Zukünftige schaut."

In dieser Auseinandersetzung bezeichnet zwar Aug. dasjenige, womit die Wunder im Widerspruch stehen, als die „Gewohnheit der Natur, welche die menschliche Erkenntniss begreift", damit meint er aber das niedere Naturgesetz schlechthin, wie sich deut-

lich aus dem Gegensatze ergibt, welchen nicht etwa das wahre, nur
eben unbekannte niedere Naturgesetz, sondern „jenes höchste
Gesetz der Natur" bildet, welches sich mit dem Willen Gottes
oder der göttlichen Vorsehung oder dem göttlichen Reichsplane
deckt und von dem niederen Naturgesetze unabhängig ist. Von
der Beschränktheit der erreichten naturwissenschaftlichen Einsicht redet er ja gar nicht, sondern nur von einer Beschränktheit, die eine Folge des Unglaubens oder der Glaubensschwäche
ist. Aug. stellt allerdings nicht selten dem Bereiche des allbekannten niederen Naturgesetzes, wie wir sehen werden, auch
ein Gebiet der materiellen Natur gegenüber, welches den meisten
Menschen unbekannt ist, allein von beiden unterscheidet er
drittens eine Sphäre der Gesetzmässigkeit, die über alle in die
Natur vom Schöpfer hineingelegten Dispositionen übergreift,
und dass diese auch hier den alleinigen Gegensatz bildet, ist
unverkennbar.

Noch deutlicher ergibt sich aus dem Zusammenhang, in
welchem die aus de civitate Dei XXI, cap. 8 (xxxv) entlehnte
Stelle (oben §. 1, No. 4) vorkommt: dass Aug., wenn er dort
die Möglichkeit eines Widerspruchs eines Ereignisses mit dem
Naturgesetz leugnet, nicht das meint, was wir *) und auch die
alten Philosophen unter Naturgesetz zu verstehen pflegen, sondern den seiner Ansicht nach über dieses erhabenen Willen
Gottes, so dass die Natur eines Dinges ihm gleichgilt mit seiner
(nicht bloss auf Naturbedingungen beruhenden) Bestimmung,
welche ihm die Vorsehung Gottes ertheilt. Die Gegner, wider
die er dort (vgl. cap. 7) streitet, stellten nämlich die Thatsächlichkeit gewisser, dem gewöhnlichen Naturlaufe widersprechender
Ereignisse gar nicht in Abrede und wussten ihrerseits von dem
gewöhnlichen Naturlauf gewisse gleichfalls natürliche, nur eben
unbekannte Gesetze, welche jenem widersprechen und daher
unerklärliche Erscheinungen erzeugen, deutlich zu unterscheiden,
weigerten sich nur eben, den dort in Frage stehenden Fall
(ein ewiges Brennen der Leiber der Verdammten ohne das

---

*) Meinte er dort diess, so könnte er nicht sermo 247, §. 2 (XXIX)
sagen: Christus sei durch die verschlossene Thür gedrungen „nicht der Natur
gemäss, sondern mittelst eines Wunders" (miraculo, non naturâ). Sehr schlagend
sind auch die Worte aus de agone Christiano cap. 24, §. 26, die wir unten
(Cap. II B, §. 1 b 1) mittheilen.

Eintreten der Auflösung dieser Leiber) unter letztere Kategorie
zu subsumiren. Um diese nun zu überzeugen, dass mit dem
Naturgesetz nicht vereinbare Ereignisse gleichwohl möglich
seien, hält er ihnen einen Fall entgegen, den der von ihnen
als Autorität anerkannte Varro sogar im Widerspruch mit
jedem Naturgesetz findet und doch für wirklich vorgekommen
erklärt. Gegen diese Ausdrucksweise (dass die Wunder
contra naturam seien) polemisirt Aug., weil er neben den
beiden *) niederen (dem gewöhnlich wirkenden, allbekannten
und dem selten wirkenden, unbekannten) ein drittes höheres und
höchstes Naturgesetz (Gottes Willen und Vorsehung) kennt.
Dagegen acceptirt er bestens die Ansicht Varro's, dass Ereignisse möglich sind, die allem (auch dem nur ausnahmsweise
wirkenden) Naturgesetz (nach dem vulgären Sprachgebrauch)
widersprechen, und hält diese Ansicht jenen Gegnern entgegen. Schon daraus ergibt sich, wie unhaltbar die noch immer
verbreitete Meinung ist, Aug. kenne nur subjective Wunder.
Wäre diess der Fall, so hätte er jene Ansicht Varro's sich
nicht aneignen können.

§. 4. Wir haben bisher nichts anderes gethan, als 1) die-
jenigen Aussprüche des Aug., welche seinen Wunderbegriff in
Form der Definition oder in einer sich dieser Form annähernden
Weise verrathen, zusammengestellt; 2) auf Grund dieser
Erklärungen seine Theorie vorläufig constatirt; 3) unsere
Fassung dieser Theorie gerechtfertigt. Allein seine Theorie
kommt in jenen Erklärungen kaum in ihren Grundzügen
zum vollen Ausdruck. Wollen wir diesen gewinnen, so müssen
wir schon hier, wo es sich freilich nur um den Begriff des
Wunders handelt (also z. B. noch nicht um seine Ansicht von
der Möglichkeit desselben) andere Stellen zu Hülfe nehmen.
Diess wird aber am besten in der Weise geschehen, dass wir
die schon festgestellten einzelnen Merkmale seines Wunderbegriffs sondern und einzeln in's Auge fassen.

a. Die Wunder sind unbegreifliche oder unerklärliche Erscheinungen, Ereignisse oder Wirkungen. Dieses von
Aug. häufig hervorgehobene Moment drückt er gewöhnlich

*) Dass diess der Fall ist, wird unten gezeigt werden.

dadurch aus, dass er sagt, ihre ratio oder caussa sei nicht
ersichtlich. So heisst es z. B. in der Epistola 120, cap. 1,
§. 5 (vi): „Es gibt gewisse Dinge, die wir, wenn wir sie hören,
nicht glauben, und (= aber) wenn man uns (erklärende) Rechenschaft davon gegeben, erkennen wir als wirklich, was wir zu
glauben nicht im Stande sind. Und die sämmtlichen Wunder
Gottes werden desshalb von den Ungläubigen nicht geglaubt,
weil man ihren (erklärenden) Grund (ratio) nicht sieht. Und
in der That gibt es Dinge, von denen man keine Erklärung
(oder Rechenschaft) geben kann (ratio reddi non potest), während doch eine vorhanden ist. Denn was gibt es in der Welt
(rerum natura), was Gott ohne vernünftigen Grund (irrationabiliter) thäte? Aber es ist sogar erspriesslich, dass der Grund
gewisser wunderbarer Werke desselben vorläufig verborgen
bleibt, damit sie nicht bei abgestumpften (fastidio languidos)
Gemüthern durch die Erkenntniss eben dieses Grundes ihren
Werth verlieren (vilescant). Denn es gibt Leute, und zwar
viele, welche mehr dadurch gefesselt werden, dass es etwas zu
bewundern gibt, als durch die Erkenntniss der Ursachen, wobei die Wunder aufhören wunderbar zu sein; und es ist nöthig,
dass dieselben durch sinnfällige Wunder zum Glauben an das
Unsichtbare angeregt werden, damit sie, durch die Liebe ge-
läutert, zu dem Punkte gelangen, wo sie aus Vertrautheit mit
der Wahrheit aufhören sich zu wundern. Denn auch in den
Schauspielen wundern sich die Leute über einen Seiltänzer,
während sie an den Musikern Wohlgefallen haben. Bei jenem
erregt die Schwierigkeit Staunen, während bei diesen das Lieb-
liche fesselt und angenehme Unterhaltung gewährt." (Vgl. ferner
Epist. 162, §. 9 (ix) und de ordine lib. I, cap. 1, §. 8 ff.)

Wie entschieden Aug. die Unbegreiflichkeit einer Thatsache zu den Merkmalen des Wunders rechnet, gibt er besonders
in der Epistola 137 (vii) zu erkennen, wo er von der Geburt
des Erlösers aus der Jungfrau (inviolatae matris virginea viscera)
redet, mit welchem Wunder er das gleichfalls wunderbare Eindringen des auferstandenen Christus durch verschlossene Thüren
zusammenstellt. In Beziehung auf Beides sagt er nun: „Sucht
man hier einen Erklärungsgrund (ratio), so wird es nicht (mehr)
wunderbar sein. . . . Wir wollen doch zugeben, dass Gott etwas
kann, wovon wir gestehen, dass wir es nicht ergründen können.
In solchen Fällen liegt der ganze Erklärungsgrund für die

That in der Macht dessen, der sie vollbringt. (Vgl. auch Epist.
162, §§. 6—8 (ix). Dasselbe ergibt sich aus sermo 247 (xxix)
(in diebus Paschalibus XVIII., zu Joh. 20), wo er (§. 2) sagt:
„Manche lassen sich durch diesen Fall (das Eindringen Christi
durch verschlossene Thüren) so anfechten, dass sie beinahe in
Gefahr gerathen, indem sie wider die göttlichen Wunder die
Vorurtheile ihrer Vernunftschlüsse vorbringen. Sie schliessen
nämlich so: war's ein Körper, war's Fleisch und waren's Knochen,
erstand das aus dem Grabe, was am Holze hing: wie konnte
er dann durch verschlossene Thüren eintreten? Konnte er's
nicht, sagen sie, — so ist es nicht geschehen. Konnte er's,
wie konnte er's? Wenn du die Art und Weise begreifst,
so ist es kein Wunder, und wenn du es nicht für ein
Wunder hältst, so bist du nahe daran, auch zu leugnen, dass
er aus dem Grabe erstand. Ueberblicke von Anfang an die
Wunder deines Herrn und gib mir Rechenschaft (eine Erklärung) von jedem einzelnen. Ein Mann nahete nicht, und als
Jungfrau (es bleibend) empfing sie. Erkläre mir, wieso eine
Jungfrau ohne männliches Zuthun empfing. Wo es mit der
Erklärung zu Ende geht, da greift die Erbauung des
Glaubens Platz... Beginnst du also mit menschlichem
Sinn die Erklärbarkeit der Wunder zu erörtern, so fürchte ich
— du büssest den Glauben ein." —
  Wenn es sich nicht von selbst verstände, dass auch dem
Aug. die wunderbaren Thatsachen eben als solche für uner-
klärlich gelten, so würde es sich aus vorstehenden Aeusserungen
zur Genüge ergeben. Wichtiger ist es jedoch, zu beachten,
dass dieses allerdings wesentliche Moment zugleich doch
dasjenige ist, welches Aug. am allerwenigsten zu den
Merkmalen des Wunders im engeren und eigentlichen
Sinne rechnet. Ungemein häufig finden sich nämlich gerade
bei ihm Stellen, in denen auseinandergesetzt wird, dass es im
Punkte der Unbegreiflichkeit mit der Schöpfung überhaupt und
mit vielen einzelnen Thatsachen des creatürlichen und natürlichen Lebens kaum anders stehe, als mit den eigentlichen
Wundern. Er hebt diess gewöhnlich dann hervor, wenn es
ihm darauf ankommt, den Einwand gegen die Möglichkeit
der eigentlichen Wunder zu beseitigen, welcher von der Un-
denkbarkeit des Unerklärlichen hergenommen zu werden pflegt.
Wir theilen einige dieser Stellen schon hier mit:

„Müssen wir nicht", heisst es sermo 247, §. 2 (xxix), „den
alltäglichen Lauf der Natur selbst bewundern? Alles ist erfüllt
mit Wundern; aber weil sie unaufhörlich da sind, schätzt man sie
nicht mehr. Gib mir Rechenschaft! — etwas Gewohntes und
Gewöhnliches ist Gegenstand meiner Frage — gib mir Rechenschaft darüber, warum der Same eines so grossen Baumes, wie
der Feigenbaum, so klein ist, dass man ihn kaum sehen kann,
während der am Boden schleichende Kürbiss so umfangreichen
Samen hervorbringt. Dennoch birgt jenes geringfügige, kaum
sichtbare Samenkorn — betrachtest du es mit dem Geist,
nicht mit den Augen — bei aller seiner Geringfügigkeit und
seinem beschränkten Umfang einmal die Wurzel in sich,
ferner steckt der Stamm drin, und die zukünftigen Blätter
sind angefügt, und die Frucht, welche am Baume erscheinen
wird, ist im Samen schon im voraus da. Es ist nicht nöthig,
vieles der Reihe nach anzuführen. Ueber die alltäglichen Erscheinungen gibt Niemand Rechenschaft, und du verlangst
von mir Rechenschaft über die Wunder. Drum lies das Evangelium und glaube an die Thatsachen, die wunderbar sind. Es
gibt etwas, was mehr ist, ohne dass du dich darüber wunderst,
was alle Werke hinter sich lässt: Nichts war, und — die
Welt ist!" —

Derselbe Gedanke ist schwungvoll durchgeführt im sermo
126, §. 4 (xxvii), wo es heisst:

„Auf die alltäglichen Wunder Gottes wird, nicht weil sie
leicht zu bewerkstelligen sind, sondern weil sie unaufhörlich
vorkommen, kein Werth mehr gelegt. Denn was ist schwerer
zu begreifen, als dass ein Mensch geboren wird, dass durch
den Tod einer, der da war, in die Verborgenheit verschwindet,
dass einer, der nicht da war, durch die Geburt an's Licht der
Welt tritt? Was ist so wunderbar, was ist so schwer zu begreifen? Gotte aber ist's leicht, es zu vollbringen. Wundere
dich darüber, wache auf! Ueber das Ungewöhnliche weisst du
dich zu wundern. Ist's etwa grösser, als das, was du zu sehen
gewohnt bist? Die Leute haben sich darüber gewundert, dass
der Herr, unser Gott, Jesus Christus von fünf Broten so viele
Tausende gespeist hat, und sie wundern sich nicht darüber,
dass durch wenige Körner die Erde sich mit Saaten erfüllt.
Das Wasser, das Wein geworden war, sahen die Menschen
und staunten. Was anders wird aus Regen mittelst der Wurzel

des Weinstocks? Der Nämliche schuf jenes, der Nämliche
dieses: jenes, damit du dich weidest, dieses, damit Du Dich
wunderst. Aber Beides verdient Bewunderung, weil es ein
Werk Gottes ist. Der Mensch sieht Ungewohntes und wundert
sich. Woher ist der Mensch selbst, der sich wundert? Wo
war er? Woraus ging er hervor? Woher rührt die Gestalt
seines Leibes? Woher die besondere Ausbildung der einzelnen
Gliedmassen? Woher diese herrliche Haltung? Aus welchen
Keimen? Aus wie verächtlichen? Und er wundert sich über
Anderes, während doch der Bewunderer selbst ein grosses
Wunder ist. Woher also anders das, was du siehst, als von
dem, den du nicht siehst? Aber, wie ich auszuführen begann,
weil diese Dinge für dich ihren Werth verloren hatten, kam
er selbst, um Ungewöhnliches zu thun, damit du auch in dem
Gewöhnlichen selbst deinen Künstler erkenntest!"

Vergl. ausserdem: Sex quaest. contra paganos expositae
(= epist. 102, al. 49), §. 5 (v). — In Jo. evang. (cap. 2) tractat. VIII, §. 1 (xiii). tractat. XXIV, §. 1 (xvi), tractat. IX,
§. 1 (xiv). — In Psalm. 90. ennarrat., sermo II, §. 6 (xxii). —
Sermo 130. de verbis evang. Jo. 6 (xxviii). — De utilit. credendi
cap. 16, §. 34 (xxxvii). — Enarrat. in Psalm. 110, §. 4 (xxiii).
(Ad Volusian.) epist. 137, cap. 3, §. 10 (vii). — De civit. dei
lib. X, cap. 12, l. XXI, cap. 8 (xxxiv und xxxv).

Aus allem diesem erhellt, dass unerklärlich nach Aug. auch
die Wunder der Natur sind, welche im Uebrigen nichts Ungewöhnliches an sich tragen. Aus eben diesem Grunde aber
müssen sie von denjenigen, welche wir oben in Gemässheit der
Definitionen des Aug. (§. 2, No. 2) Wunder im weiteren
Sinne genannt haben, noch unterschieden werden, so dass sich
uns also eine zweite Vorstufe des eigentlichen Wunders ergeben
hat. Die nächst höhere Stufe nach den alltäglichen Wundern
der Schöpfung und der Natur nehmen aber diejenigen Vorgänge ein, die nicht nur unbegreiflich sind, sondern
auch
    b. ungewöhnlich *), ausserordentlich, selten oder einzig

---

*) Thatsachen, die ungewöhnlich sind, ohne unerklärlich zu sein, sind
nicht in höherem Grade Wunder, als diejenigen, die unerklärlich sind, ohne
ungewöhnlich zu sein. Ein Beispiel dieser Art ist der Glaube des Centurio,
über den sich Christus wunderte (August. epist. 162, §. 6 fin., s. Anh. No. IX).

in ihrer Art (insolita, inusitata, contra naturae cursum notissi-
mum, rara, sine exemplo).

Das Ungemeine oder Ausserordentliche ist zu allen Zeiten
dasjenige gewesen, worin das gemeine Bewusstsein am leich-
testen und unmittelbarsten Wunderbares entdeckt. Philosophisch
gerichteteten Geistern imponirt im Allgemeinen mehr das seinem
Grunde nach Unerklärliche, als das selten und wider die
Gewohnheit Erscheinende, weil der Philosoph weiss, dass
es in der Natur einer Sache begründet sein kann, dass sie selten
in die Erscheinung tritt, und ihm überhaupt zumeist das Befremden erregt, was er nicht erklären kann. Für den Standpunkt des Aug. nun ist Alles zwar einestheils erklärlich, weil
der allmächtige und allweise Gott, weil die Macht und der
Wille Gottes dahinter steht, anderntheils Alles unbegreiflich,
weil die Werke Gottes überhaupt zu gross sind, als dass sie
vom Menschen eigentlich ergründet werden könnten. Dem-
gemäss sträubt sich auch Aug. gewissermassen, dem Ungewöhnlichen einen höheren Rang einzuräumen, als dem ebenso
unergründlichen Alltäglichen. Beides ist ja aus der Allmacht
und Vorsehung Gottes in gleichem Masse erklärlich, Beides
wiederum ist dennoch unergründlich. Allein, wollte er die
„Ungläubigen oder noch Schwachen" zu sich hinaufziehen, so
musste er vorerst von den Höhen seines theocentrischen Stand-
punktes, auf dem ihm alle Wunder aufhören wunderbar zu
erscheinen, herabsteigen in das Gewühl des Marktes, wo die
Dinge „nach Menschenweise" beurtheilt und rangirt werden,
und von diesem Standpunkte aus musste er zugeben, dass Dinge,
die nicht nur unergründlich, sondern auch ungewöhnlich sind
oder gar nur einmal vorkommen, grössere, eigentlichere Wunder
sind, als Gottes alltägliche Wunder in Natur und Geschichte,
ja dass nur das Ungewöhnliche wunderbar sei. In diesem
Sinne antwortet er de utilit. credendi cap. 16, §. 34 (xxxvii) auf
die Frage, warum dergleichen Wunder, wie sie Christus ver-
richtete, jetzt nicht mehr geschähen: „weil sie keinen Eindruck
machen würden, wenn sie nicht wunderbar wären. Wären sie
aber gewöhnlich, so wären sie nicht wunderbar." Im Uebrigen
verweisen wir auf die vorher (litt. a) angeführten Zeugnisse.
Nur einige besonders charakteristische Belegstellen fügen wir
hier hinzu. Dass doch auch Aug. vom Standpunkt der vulgären Metaphysik und Physik aus das Uebergreifen über das

Gewöhnliche oder gar die Einzigkeit zu den Requisiten des
Wunders rechnet, ergibt sich z. B. aus Epist. 137, §.
8 (vii), wo er in Beziehung auf die Geburt Christi von einer Jungfrau
sagt — nicht nur: „wenn man hier nach einem Erklärungsgrund fragt, so wird's nicht (mehr) wunderbar sein", sondern
auch: — „fordert man (um die Thatsache glaubhaft finden zu
können) eine Analogie (si exemplum poscitur), so ist es nicht
einzig (singulare)".

Dieser Ausspruch hatte den Evodius dazu
gereizt, dennoch Analogieen aufzuspüren, und er glaubte für
beide Momente des Wunders der jungfräulichen Geburt Christi
(das Fehlen einer vorgängigen geschlechtlichen Vermischung
und die Unverletztheit der Jungfrau auch nach der Geburt)
eine solche gefunden zu haben, eine darin, dass die Würmer
„sine ullo concubitu" sich im Obst erzeugen, die andere darin,
dass die Spinne „den Faden ihres Gewebes gebäre, gleichsam
ohne dass der Zustand ihres Leibes alterirt werde (corpore
velut integro)". Ja Aug. selbst erklärt es für möglich, dass
der Jon. 4, 7 erwähnte Wurm und nicht minder die Stelle
Ps. 22, 7 die jungfräuliche Geburt Christi vorandeuten solle
(Epist. 102, §. 36. — Epist. 140, §. 21. — In Psalm. XXI.
enarrat. II, §. 7). Dennoch sieht er sich veranlasst, dem Evodius (Epist. 162, §. 7 (ix) bemerklich zu machen, er habe sich
vergebens angestrengt, denn allerdings gebe es ähnliche Fälle, die
sich dem in Rede stehenden mehr oder weniger annäherten, und
es sei sogar geistreich, dergleichen anzuführen (dicuntur aliqua
argute). Indessen es bleibe dabei, dass Christus allein von einer
Jungfrau geboren sei, dieser Fall sei beispiellos (vgl. epist. 199,
§. 34 (x). Und contra Faustum lib. XXIX, cap. 2 (xxxii) sagt
Aug. geradezu, alle Wunder Gottes seien beispiellos (singulariter
facta sunt), z. B. die Auferstehung des fortan nicht mehr sterblichen Fleisches Christi am dritten Tage nicht minder, als die
Geburt aus einer Jungfrau.

Diess bezieht sich nun freilich auf die eigentlichen, vollen
Wunder, von denen wir hier wenigstens noch nicht allein
reden. Nicht allein: denn es handelt sich hier um das Merkmal der Ausserordentlichkeit überhaupt. Dieses Moment kann
aber dem Naturgesetze gegenüber relativ und absolut gefasst
werden, und es ist von der grössten Wichtigkeit, nicht zu übersehen, dass es auch Aug. bald im relativen Sinne, bald im

absoluten Sinne meint, d. h. er unterscheidet ausserordentliche
Wirkungen, welche zwar aus dem gewöhnlichen Laufe der
Natur sich nicht ableiten lassen, aber dennoch aus Verhält-
nissen hervorgehen, die Gott in der Natur selbst bei der
Schöpfung angelegt hat, von anderen ausserordentlichen Wirkungen, welche in keiner Weise aus einer schon ursprünglich
der Natur von Gott mitgetheilten positiven Anlage hervorgehen,
sondern die Ursache ihrer Entstehung und den Grund ihrer
Erklärung einzig und allein in dem von allen Gesetzen der
creatürlichen Welt unabhängigen Willen Gottes finden.
Um diess nachzuweisen, müssen wir seine Lehre von der
Schöpfung berücksichtigen. Zwar darf diese hier nicht ausführlich dargelegt werden. Aber es muss daran erinnert werden, dass Aug. im Process der Weltschöpfung und Welterhaltung, die er gewissermassen zusammenfasst, drei oder wenn
man will vier Stufen unterscheidet: 1) das lediglich ideelle
Sein der Welt im Logos oder im Vorherwissen Gottes; 2) die
simultane Erschaffung der wirklichen Welt (und zwar a) die
Erschaffung der formlosen Materie, b) die Erschaffung con-
kreter Gebilde), bei welcher als conkrete Geschöpfe aus der
Hand des Schöpfers hervorgingen der Tag, das Firmament,
Meer und Erde und die Lichter. Dieser Stufe gehören gewissermassen auch die Kräuter und Bäume, ferner was schwimmt
und fliegt, die Thiere der Erde und der Mensch an. Alles diess
gewann jedoch vorerst nur ein potentielles, nicht wie jene
Grundlagen der conkreten Welt sofort ein actuelles und conkretes Dasein. 3) Erst während der dritten Periode, welche
nicht mit der Zeit, sondern bereits in der Zeit ihren Anfang
nahm und bis auf die Gegenwart reicht, gewannen jene vorher
nur in ein potentielles Dasein gerufenen Geschöpfe actuelles
und conkretes Dasein (de genesi ad litt. lib. V, §§. 13 f. 20,
28, 36 f., VI, §. 4).
Wie sich nun die der dritten Stufe der Schöpfung angehörenden Gebilde, an welchen wir nichts Ausserordentliches
finden, zu ihren der zweiten Stufe angehörenden unsichtbaren
Keimen verhalten: so verhalten sich die relativen Wunderge-
bilde, die allerdings aussergewöhnlich erscheinen, zu dem sie
ermöglichenden Samen, welcher gleichfalls während jenes zweiten
Aktes der Schöpfung in die Welt von Gott eingestreut wurde.
Die Kraft, welche während dieses zweiten Aktes vom Schöpfer

in die Elemente hineingelegt wurde, ist durch die Hervorbringung
derjenigen conkreten Geschöpfe, welche die hauptsächlichsten
uns nicht ausserordentlich erscheinenden Figuren des jetzigen
Welttheaters bilden, nicht erschöpft, und wer, wie die (guten
und bösen) Engel und deren Werkzeuge, im Stande ist, diese
noch nicht erschöpften Kräfte zu erkennen und jenen Ursamen
in eine günstige Lage zu bringen, der vermag ausserordentliche
Wirkungen hervorzubringen, die jedoch nur relativ wunderbar
sind, weil sie nicht auf schöpferischen Akten beruhen, sondern
auf Prädispositionen der Natur selbst. Diese Theorie ist am
klarsten auseinandergesetzt de trinitate lib. III, cap. 8,
§. 13 (xxxix).

"Von Allem", heisst es dort, "was ein körperliches (= ma-
terielles) und sinnlich wahrnehmbares (= conkretes) Dasein
gewinnt, ruht eine Art unsichtbaren Samens verborgen in jenen
körperlichen Elementen dieser Welt. Ein anderer nämlich ist
dieser an Früchten und lebenden Wesen (die aus ihm entstanden sind) für unsere Augen bereits wahrnehmbare (Same), ein
anderer dagegen jener unsichtbare Same dieses Samens, aus
welchem auf den Befehl des Schöpfers das Wasser das erste
Schwimmende und Fliegende, die Erde aber die ersten Gewächse nach ihrer Art und die ersten Thiere nach ihrer Art
hervorbrachte. Denn derselbe (der Ursame) ging damals (bei
der Schöpfung) nicht etwa dergestalt in dergleichen (wie die
eben genannten) Erzeugnissen auf, dass in dem, was (damals)
aufging, jene (dem Ursamen innewohnende) Kraft sich erschöpft
hätte. Sondern insgemein fehlen (ihm) die günstigen Umstände
und Gelegenheiten zum Hervorbrechen und zur Herausarbeitung
seiner (= der in ihm angelegten) Gebilde. Denn siehe: das
kleinste Reis ist Samen, denn in geeigneter Weise der Erde
anvertraut bringt es einen Baum hervor. Für dieses Reis aber
bildet irgend ein gleichartiges Körnchen den Samen, der (schon)
feiner ist und (= aber) für uns noch sinnlich wahrnehmbar.
Nun können wir aber auch Samen dieses Samenkörnchens (einen
ihm zum Grunde liegenden Ursamen) — freilich nicht mit
Augen sehen, aber doch auf sein Dasein geistig schliessen.
Denn gäbe es in diesen Elementen nicht irgend eine solche
Kraft, so würden nicht insgemein Gewächse aus der Erde hervorgehen, die dort gar nicht gesät sind, ferner so viele Thiere
ohne vorgängige Vermischung eines Männchens und Weib-

chens, sei's auf der Erde, sei's im Wasser, welche dennoch
wachsen und durch Begattung andere erzeugen, während sie
selbst ohne Eltern, die sich begatteten, entstanden sind. Und
wenigstens die Bienen empfangen den Samen für ihre Nach-
kommenschaft nicht durch Begattung, sondern sammeln mit
dem Munde den über die Erde ausgestreuten. Der Schöpfer
des unsichtbaren Samens ist nämlich derselbe, der alle Dinge
geschaffen hat: denn Alles, was, indem es Dasein gewinnt, für
unsere Augen in die Erscheinung tritt, erhält den Anstoss zu
seinem ersten Hervortreten von dem verborgenen Samen und
empfängt die Bedingungen seines Wachsens bis zur gebühren-
den Grösse, sowie der Gliederung der einzelnen Formen von
einer Art von ursprünglichen Gesetzen (originales regulae).
Gleichwie wir also weder von den Eltern sagen, dass sie die
Schöpfer der Menschen, noch von den Bauern, dass sie die
Schöpfer der Früchte seien, obwohl Gottes Wirksamkeit diese
hervorzubringenden Geschöpfe unter Mitwirkung ihres
(der Eltern einerseits, der Bauern andrerseits) von aussen
her gegebenen Anstosses innerlich bereitet: so darf man
nicht nur die bösen, sondern auch die guten Engel nicht für
Schöpfer halten, wenn sie vermöge der Feinheit ihrer Wahrnehmung und ihres Körpers den uns verborgenen Samen dieser
Dinge kennen, denselben unter geeigneten Mischungen der Elemente unsichtbar ausstreuen und auf diese Weise Gelegenheiten
herbeiführen, welche die Erzeugung der Dinge und die Beschleunigung ihres Wachsthums begünstigen."
   Bedarf diese Darlegung noch einer Erläuterung, so findet
sie dieselbe z. B. in den Quaestiones in Heptateuchum lib. II,
quaest. 21 (zu Exod. 7, 12) (xviii) und de genesi ad litt. lib. IX,
cap. 17, §. 32 f. (xii). Der wesentliche Inhalt dieser beiden
Stellen ist folgender: Es sind Creaturen (selbst den bösen Engeln
und Zauberern) Hervorbringungen möglich, die den Schein
schöpferischer Akte an sich tragen, es aber nicht sind. Gott
hat nämlich in die materielle Welt gewisse geheime Samenverhältnisse oder Prädispositionen (seminariae rationes) hineingelegt, welche ermöglichen, dass, wenn gewisse Einflüsse zu
günstigen Zeitpunkten in Wirksamkeit gesetzt werden, gewisse
neue Erscheinungen eintreten, freilich nach ihrem Maasse und
Ziel. Diese neuen Erscheinungen gleichen rücksichtlich ihrer
Entstehungsgründe den Gewächsen der Erde, welche gleichfalls

aus Samen hervorspriessen, der Gott zum Urheber hat, der
aber dennoch erst durch den Landmann, welcher den Samen
in eine seine Entfaltung begünstigende Lage bringt, zur Actualisirung der in ihm liegenden Potenz veranlasst wird. Die Kunst
der Engel besteht also in solchen Fällen darin, dass sie die
zur Hervorbringung miterforderlichen und mitwirkenden Ursachen oder begünstigenden Umstände zu erkennen und herbeizuführen verstehen (wie der Landmann es bei der Saat versteht). Eigentliche Wunder sind das nicht, wenigstens nicht in
höherem Grade, als das Hervorgehen der Gewächse aus dem
Samen unter begünstigenden Umständen. Hier liegen nun die
ermöglichenden Keime in den Creaturen selbst, denen sie der
Schöpfer vor Zeiten eingepflanzt hat; von diesen Keimen als
Ursachen sind jedoch zu unterscheiden gewisse andere Ursachen,
die allein in Gott ruhen, nicht in den Creaturen schlummern.
Es sind diess Ursachen, die in Gott verborgen sind, in denen
aber doch keine Willkür herrscht, weil Gott durch seinen von
Ewigkeit her feststehenden Willen gebunden ist. Diese in
Gott ruhenden Gründe sind die Ursachen der eigentlichen
Wunder, nämlich so: der gewöhnliche Naturlauf hat seine bestimmten Gesetze. Daher entsteht aus einem Waizenkorn keine
Bohne, aus einer Bohne kein Waizen, aus einem Thier kein Mensch
u. s. w. Von diesen Gesetzen zu unterscheiden sind Wirkungen,
deren Ursachen Gott in sich trägt und die jene Gesetze eben
nicht in sich tragen (auch nicht potentiell), deren (passive)
Möglichkeit aber (wohl zu unterscheiden von der activen oder
positiven Anlage) allerdings allen Creaturen innewohnt, insofern
auch Gott aus keinem Ding etwas machen kann, wovon er
nicht vorher die Möglichkeit festgestellt hat. Diese Wirkungen
beruhen also nicht auf den Naturgesetzen, welche letztern ja
nicht nur in Gott existiren, sondern auch (weil diesen aner-
schaffen) in den Geschöpfen und Dingen, welche .(accusat.) sie
beherrschen, sondern sie ruhen in Gott oder in der Herrscher-
gewalt, die Gott auch nach Vollendung der Schöpfung über
die Dinge besitzt. Eine solche Wirkung ist z. B. die, dass ein
Stab (ohne Erde und Wasser) grünt, dass eine in ihrer Jugend
unfruchtbare Frau im Alter gebiert, dass eine Eselin redet.
Auch diese Möglichkeit hat Gott gewissermassen diesen
Geschöpfen (Stab, Frau, Eselin) mitgetheilt, aber in einem ganz

anderen Sinne, als das Princip jener natürlichen Entwickelung, nämlich nur insofern, als er ja doch aus ihnen nichts
machen konnte, dessen Unmöglichkeit er vorherbestimmt hatte
oder insofern auch Er nicht mächtiger ist, als er selbst.

c. Was die in letzteren Stellen erwähnten beiden Arten
der Wunder mit einander gemein haben, ist diess, dass sie das
Gepräge des Ausserordentlichen tragen; was sie unterscheidet,
ist diess, dass nur die relativen auf natürlichen Prädispositionen
ruhen, die absoluten (eigentlichen) dagegen nur auf dem Willen
und der Macht des unmittelbar eingreifenden Schöpfers. Zu
diesem einen specifischen Merkmal der eigentlichen Wunder,
dem ätiologischen, tritt aber als zweites das oben erwähnte
teleologische hinzu: dass sie nämlich nicht nur Wunder, sondern
auch Zeichen sind, dass sie etwas ankündigen oder offenbaren, was unmittelbar von Gott kommt und den Zwecken des
Reiches Gottes im engeren Sinne des Wortes dient.

d. Insgemein denkt Aug., wenn er von Wundern redet, an
Ereignisse in der Sphäre des sinnlich Wahrnehmbaren, und de
utilit. credendi cap. 16, §. 34 (xxxvii) sagt er, im Gebiete des
Wunderbaren „sei nichts dem gemeinen Mann und überhaupt
den thörichten Menschen angemessener, als das, was den Sinnen
nahe gebracht werde." Dennoch können wir dieses Moment
nicht in den Begriff mit aufnehmen, weil Aug. auch Wunder
kennt, die andrer Art sind. So sagt er de genesi ad litt. lib.
IX, cap. 18, §. 33 (xii) in Beziehung auf die Wunder: „Gott
trägt in ihm selber die verborgenen Ursachen gewisser Thatsachen, welche (Ursachen) er in die geschaffenen Dinge nicht
hineingelegt hat, und diese lässt er in Wirksamkeit treten nicht
vermöge jener Wirkungsweise der Vorsehung, durch welche
er die Naturwesen in's Dasein ruft, sondern vermöge jener,
durch welche er sie verwaltet wie er will, sie, die er schuf,
wie er wollte. Dazu gehört auch die Gnade, durch welche
die Sünder gerettet werden. Denn was die Natur (hier =
Creatur) betrifft, welche durch ihren gottlosen Willen böse geworden ist, so steht derselben an und für sich ein Rückweg
nicht offen, sondern (nur) durch die Gnade Gottes, von der sie
unterstützt und erneuert wird."

Hiernach gehören auch die Gnadenwunder zu den eigentlichen Wundern und fallen doch nicht unter die sinnliche
Wahrnehmung. Vielleicht kann man auch die Stelle de fide

rerum quae non videntur cap. IV, §. 7 (xxxı) hierherziehen, wo
Aug. die Frage aufwirft: „Scheint es euch etwa bedeutungslos
oder geringfügig und haltet ihr es für kein oder für ein geringes göttliches Wunder, dass im Namen Eines Gekreuzigten
das gesammte Menschengeschlecht läuft (currit = dass derselbe
das bewegende Princip desselben ist)?" (vgl. auch ebendas. cap.
VII, §. 10). Hier besteht das Wunder darin, dass Ein Ge-
kreuzigter der ganzen Welt (cum grano salis) Glauben abge-
nöthigt hat, und diess ist kein eigentlich sinnfälliges Wunder,
sondern ein geistiges, ein Geschichtswunder. (Vgl. besonders auch
de civ. Dei lib. XXII, c. 5, c. 7, c. 8, s. unten Cap. 3 dieser
Abhandl. A, §. 1.) —

§. 5. Vergleichen wir nun die Ergebnisse des vorigen Para-
graphen mit den oben (§. 2) aufgestellten vorläufigen Definitionen, so ergibt sich die Nothwendigkeit, jene folgendermassen
zu ergänzen und umzubilden:
1) Wunder im weitesten Sinne sind dem Aug. alle Thatsachen und Erscheinungen im Gebiete des uns geläufigen und
nicht mehr auffallenden Naturlebens und alltäglichen Lebens,
welche wir — abgesehen von der Macht, der Weisheit und dem
Willen des Schöpfers, der sie hervorgebracht hat, nicht erklären
können.
2) Wunder im weiteren Sinne oder relative Wunder sind
ihm alle ungewöhnlichen oder ausserordentlichen, d. h. aus den
jetzt gewöhnlich und alltäglich wirkenden Naturkräften nicht
erklärbaren Ereignisse oder Wirkungen, deren Möglichkeit und
Thatsächlichkeit objectiv auf gewissen bei der Schöpfung der
Welt von Gott in die Dinge hineingelegten, aber nicht sofort
actuell gewordenen Potenzen, subjectiv auf einer ungewöhnlichen
Einsicht und Fähigkeit gewisser persönlicher Wesen beruht,
welche jene verborgenen Prädispositionen oder Samenverhältnisse erkannten und den verborgenen Samen ihrer ausserordentlichen Gebilde in diejenige Lage zu bringen verstanden, in
welcher er eben diese Gebilde hervorbringen musste.
3) Wunder im engeren Sinne oder (dem Naturgesetz gegenüber, freilich nicht den Eigenschaften Gottes gegenüber) abso-
lute, wahre, schöpferische, eigentliche Wunder sind ihm alle

ungewöhnlichen oder ausserordentlichen, d. h. aus Naturkräften in keiner Weise erklärlichen Ereignisse oder Wirkungen im Gebiete der sinnlichen und der geistigen Welt, im Gebiete der Natur und der Geschichte, die ihren Entstehungs- und Erklärungsgrund einzig und allein in einem zwar zuvor versehenen und nicht willkürlichen, aber doch unmittelbaren Eingreifen der göttlichen Allmacht finden und sich eben dadurch als göttliche Zeichen kundgeben, d. h. den Zweck haben, etwas, was unmittelbar von Gott kommt, anzukündigen oder zu offenbaren.

Zweites Capitel.

Thatsächlichkeit (Wirklichkeit) der Wunder und Arten der Wunder.

A. Thatsächlichkeit.

Wir konnten den Begriff, den Aug. mit dem Wunder verbindet, nicht erläutern, ohne im voraus zu verrathen, dass das Wunder ihm nicht nur ein Gedankending, auch nicht eine blosse Anschauungsform, sondern eine gegenständliche Realität ist. Diess versteht sich ohnehin bei einem rechtgläubigen Kirchenvater von selbst und darf nicht erst umständlich dargethan werden. Gleichwohl wäre es unzweckmässig, wollten wir von der einen der beiden interessantesten Seiten der Theorie vom Wunder, von der Feststellung des Begriffs, sofort zu der anderen, der Erörterung der Möglichkeit von Wundern, übergehen. Denn einmal liegt es im Wesen der christlichen Religionslehre überhaupt, dass sie lieber von den Thatsachen zur apologetischen Erhärtung der Möglichkeit derselben, als umgekehrt von der abstracten Möglichkeit zur Aufweisung des wirklich gewordenen Möglichen fortschreitet, sodann entstehen insonderheit Theorieen vom Wunder auch dem kirchlichen Theologen selten a priori, sondern insgemein a posteriori: weil Wunder geschehen sind — so argumentirt er — müssen sie möglich gewesen sein, und erst die geglaubte Thatsächlichkeit

derselben veranlasst ihn anzunehmen, dass dieselben auch a
priori möglich und nothwendig gewesen seien. Da diess auch
bei Aug. der Fall ist, so muss hier dem Capitel von der Möglichkeit das Capitel von der Wirklichkeit voraufgehen, und
überdiess erheischt ja vor der Darlegung seiner Ansicht von der
Möglichkeit die Frage eine Beantwortung: in welchen Zeitraum
(Gründungsperiode der Kirche oder auch — spätere Perioden?)
und in welche Kreise religionsgeschichtlichen Lebens (Volk der
Offenbarung oder auch Heidenthum?) diejenigen angeblichen
Wunder eingeschlossen sind, in denen Aug. wirkliche Thatsachen anerkennt und denen er zur Construction seiner Wundertheorie die Bausteine entlehnt hat.

§. 1. Die Wunder der Bibel.

Aug. legt nicht selten
die in der h. Schr. erzählten Wunder allegorisch aus (vgl.
z. B. Epist. 102, §. 33. In Joh. evang. tractat. VIII, §. 3 f.).
In Joh. evang. tractat. XXIV, §. 2 (xvi) bemerkt er, die Wunder
hätten, wenn sie verstanden würden, ihre Sprache, und sermo
98, §. 3 (xxvi) heisst es: „Unser Herr Jesus Christus wollte,
dass das, was er leiblich that, auch geistlich verstanden würde.
Denn er that die Wunder nicht nur um der Wunder willen,
sondern, damit das, was er that, wunderbar sei für die, welche
es sähen, wahr für die, welche es verständen." Diess
wird sodann veranschaulicht durch die Nebeneinanderstellung
zweier Leser eines schön geschriebenen Buches, von denen der
Eine nur die Schönheit der Schriftzüge bewundert, aber deren
Bedeutung nicht versteht, während der Andere die Handschrift
nicht nur bewundert, sondern auch versteht. Ebenso hebt Aug.
in Joh. evang. tractat. IX, §. 1 (xiv) hervor, da die Wunder
unter Anderem den Zweck der Erbauung, der Förderung in der
Glaubenslehre hätten, so sei es unsere Aufgabe, zu erforschen,
was sie bedeuteten.

Man würde jedoch sehr irren, wollte man annehmen, dass
Aug. einzig und allein oder auch nur vorzugsweise den Lehrgehalt der Wunder in Anschlag bringe oder gar mit manchen
Neueren in gewissen Wunderberichten nur eine von der absichts-
los dichtenden Sage vollzogene Projection von Parabeln in die
wirkliche Geschichte erblicke. Es steht vielmehr fest, dass
Aug. in allen Erzählungen, welche die h. Schr. unverkennbar
als Wundergeschichten hinstellt, thatsächliche Ereignisse erkennt,

von denen er nicht im Entferntesten bezweifelt, dass sie so wie
sie erzählt werden wirklich geschehen sind. Auf Bitten Josua's
stand die Sonne wirklich still, um des Königs Hiskias willen
lief sie wirklich zurück (de civ. dei l. XXI, cap. 8). Dass
Bileams Eselin geredet habe, leugnet er nicht, sondern stellt
nur von ihr nicht minder, als von der Schlange im Paradiese,
in Abrede, dass sie in ein vernünftiges Wesen verwandelt worden sei, betrachtet sie vielmehr als ein unbewusstes Medium
einer göttlichen Manifestation (Quaest. in heptateuch. lib. IV
(in Numer.) quaest. 50 (xix). de genesi ad litt. lib. XI, §.
35—37. Vgl. auch in Joh. ev. tractat. IX, §. 1 (xiv). Quaest.
in Heptateuch. II, quaest. 21. Sermo 247, §. 2 f. (xxix).

Dadurch ist freilich nicht ausgeschlossen, dass er bei der
Auslegung dieser Wundergeschichten bald von dem Interesse
geleitet wird, deren Glaubwürdigkeit dadurch in's Licht zu
stellen, dass er die eigentlich wunderbaren Bestandtheile derselben auf ein Minimum zu reduciren sucht, bald von dem ent-
gegengesetzten, sie als möglichst übernatürlich erscheinen zu
lassen. Jenes thut er z. B. in der Epist. 102, §. 31 (jedoch
nur rücksichtlich einzelner Momente) bei der Beurtheilung der
Geschichte des Propheten Jonas (Jon. c. 2), indem er bemerkt,
dass Jonas von einem Fische verschlungen sei und im Bauche
desselben habe existiren können, sei gar nicht so wunderbar,
es gebe ja bekanntlich sehr geräumige Fischbäuche. Dass er
mit Kleidern verschlungen sei, stehe nicht im Text, würde
übrigens nicht unerklärlich sein. Dagegen führt er in der
Epist. 137, §. 13 f. (vii) Solchen, welchen es Bedenken erregt
hatte, dass der Sohn Gottes seine göttliche Majestät zu wenig
habe hervortreten lassen, zu Gemüthe: grössere Wunder, als
die Geburt von einer Jungfrau, die Auferstehung von den
Todten zu ewigem Leben und die Himmelfahrt könne man doch
nicht verlangen; und die Verdunkelung der Sonne während der
Kreuzigung Christi unterscheidet er ausdrücklich und geflissent-
lich als ein volles Wunder von gewöhnlichen Sonnenfinster-
nissen (epist. 199, §. 34 (x). Vgl. auch epist. 162, §. 7 (ix).
In Joh. evang. tractat. XCI, §. 2—4). Nimmt er nun Alles,
was er in der Bibel erzählt findet, gläubig hin, so ist er ge-
nöthigt, auch denjenigen Berichten Glauben zu schenken, welche
nicht ein Wunder Gottes oder eines Werkzeuges Gottes erwähnen
— sei es ein Engel, sei es ein Apostel oder gar ein unver-

nünftiges Wesen, sondern dämonische Wunder. Wie scharf
er letztere von den göttlichen Wundern unterscheidet, werden
wir später sehen; hier kommt es nur darauf an, zu constatiren,
dass er an der Thatsächlichkeit der in der Bibel erzählten dämonischen Wunder nicht rüttelt. Diess ergibt sich z. B. aus
de sermone Dom. in monte sec. Matth. lib. II, cap. 25, §. 85.
(xx). „Vielleicht", heisst es dort, „mag Jemand sagen, Gottlose könnten jene sinnfälligen Wunder nicht vollbringen, und
glauben, diejenigen, welche sagen werden; „„in Deinem Namen
haben wir geweissagt"" u. s. w. seien vielmehr Lügner . . . Er
lese also, wie Grosses die Zauberer der Aegyptier, welche Moses
dem Knechte Gottes widerstanden, geleistet haben; oder wenn
er das nicht lesen will, weil sie es nicht im Namen Christi
thaten, so lese er, was der Herr selbst von den falschen Propheten sagt, indem er so spricht: „„dann werden"" (Matth.
24, 23 f.) u. s. w. Vgl. ferner de divers. quaest. octog. tribus,
quaest. 79, §. 3 f. (xxxi). De civ. Dei lib. XXI, cap. 6.

Auf welche Gründe Aug. die metaphysische Möglichkeit
der biblischen Wunder stützt, haben wir hier noch nicht zu
untersuchen (s. darüber unten Cap. 3). Denn hier handelt es
sich nur um die Thatsächlichkeit derselben. Diese in Abrede
zu stellen, wagten im Allgemeinen zur Zeit Augustins nur die
Gegner der katholischen Kirche, und zwar namentlich heidnische Gegner. Die Zweifel dieser beruhten zum Theil auf metaphysischen Voraussetzungen und insofern sind sie hier noch
nicht zu berücksichtigen; es gab aber auch solche Zweifler unter
den Heiden, welche weniger die metaphysische Möglichkeit von
Wundern überhaupt in Abrede zogen, wohl aber behaupteten,
die biblischen Wunder seien historisch nicht hinreichend bezeugt, und diesem Angriff dann freilich auch dadurch Nachdruck
zu geben versuchten, dass sie dieselben aus metaphysischen
oder physikalischen Gründen als undenkbar bezeichneten. So
wurde z. B. in Abrede gestellt, dass der Prophet Jonas im
Bauche des Fisches bei der in den Fischbäuchen herrschenden
Wärme habe am Leben bleiben können. Darauf antwortet Aug.,
es sei inconsequent, die Möglichkeit Eines Wunders zu leugnen,
während man andere, und zwar zum Theil noch seltsamere,
gelten lasse, und es sei ein Widerspruch, wenn von Männern,
wie Apulejus von Madaura oder Apollonius von Tyana angeblich vollbrachte Wunder erzählt würden, die schlecht genug

.

bezeugt seien, diese für historisch zu halten, dagegen die biblischen Wunder zu verwerfen (epist. 102, §. 32 (v). Vgl. auch
de civ. Dei lib. XXI, cap. 8). Von vielen Wundern, die eben
die Bibel vorhergesagt habe, lasse sich ja doch sogar nachweisen, dass der allmächtige Gott sie hinterher wirklich vollbracht habe (de civ. dei lib. XXI, cap. 7 fin. (xxxv). Wenn
nun dieselben Leute, welche mit den Wundern ihrer heidnischen
Zauberer und Philosophen renommirten, die biblischen Wunder
höhnisch belächelten, so könne das auf Christen keinen Eindruck
machen (epist. 102 a. a. O.).

---

§. 2. Fortdauer der Wunder in der Kirche. Konnte
es für einen rechtgläubigen Kirchenlehrer nicht zweifelhaft sein,
welche Stellung er gegenüber den in der h. Schr. erzählten
Wundern einzunehmen habe, so hatte er dagegen bei der Beurtheilung solcher angeblichen Wunder, welche nach der Vollendung der das Heil und die Kirche begründenden Offenbarung
geschehen sein sollten, völlig freie Hand. Es fragt sich daher,
ob Aug. eine Fortdauer der Wunder in der Kirche zugab, und
diese Frage ist im Allgemeinen zu bejahen, obgleich er sich in
den betreffenden Aeusserungen nicht ganz gleich bleibt. Dass
er sich gegenüber den vorgeblichen Wundern der Donatisten,
welche er durch den Spottnamen „Wunderlinge" (mirabiliarii)
brandmarkt, sehr kritisch verhält und dass er von ihnen sagt,
entweder seien sie Betrogene oder Betrüger (in Joh. evangel.
tractat. XIII, §. 17 (xv), daraus ist wenig zu schliessen. Denn
diesen gegenüber war er nun einmal nicht unbefangen. Mehr
Gewicht ist auf andere Erklärungen zu legen, in denen er theils
hervorhebt, dass die Wunder nur eine präparatorische und pä-
dagogische Bedeutung hätten, theils die Fortdauer derselben
rundweg leugnet. Vor Zeiten, als die Menschheit sich noch
auf der Stufe der Kindheit befand — deutet er de vera relig.
cap. 50, §. 98 (iv) an — verschmähte es der barmherzige Gott
nicht, durch sinnlich wahrnehmbare Worte, durch Feuer, durch
Rauch, durch Wolkensäulen sich gleichsam spielend zu offenbaren. Diese Art der Erziehung des Menschengeschlechts war
und ist jedoch nur eben dem Standpunkte der Anfänger ange-
messen. Um solcher willen musste sie sich freilich zur Zeit
Christi wiederholen. Die Thörichten, erklärt Aug. de utilit.
credendi cap. 16, §. 34 (xxxvii), erheben sich zu Gott, den sie

auf dem Wege der Vernunft nicht leicht erkennen können,
zunächst nur durch Anlehnung an eine Autorität, und das ist
wenigstens besser, als sich überhaupt nicht anregen zu lassen.
Die eine der beiden Hauptstützen des Autoritätsglaubens bilden
nun die Wunder. Der Weise bedarf derselben nicht, aber weise
muss man eben erst werden. Daher that Christus Wunder. Jetzt
würde aber dergleichen keinen Eindruck mehr machen, wenn es
nicht mehr wunderbar wäre, wunderbar wäre es ja aber eben nicht,
weil es nicht mehr ungewöhnlich wäre. Das blosse Moment
der Unerklärlichkeit reicht, wie die Erfahrung lehrt, an und
für sich nicht aus. Denn die alltäglichen Wunder der Natur
wirken ja thatsächlich nicht, obgleich auch sie keineswegs leicht
zu verstehen und zu erklären sind. Unsere Vorfahren, heisst
es de vera relig. cap. 25, §. 47 (III), mussten sich, um sich vom
Zeitlichen zum Ewigen zu erheben, an sinnfällige Wunder
halten. Weil sie auf diesem Wege aber wirklich das Ziel
erreichten, sind dermalen Wunder nicht mehr nöthig (was sie
zuerst allerdings waren). Die Kirche hat ja jetzt in der ganzen
Welt ein gesichertes Dasein. Dauerten gleichwohl die Wunder
fort, so würde man immer Sinnfälliges verlangen, und doch
würde der Eindruck der (gar nicht mehr ungewöhnlichen) Wunder abnehmen, die, so lange sie ungewohnt waren, zündeten.
Heutzutage wirkt Christus (Sermo 88 zu Matth. 20, §. 3 (XXIV)
„grössere Heilungen, um deren willen er es nicht verschmähte,
damals jene geringeren zu vollbringen. Denn wie die Seele
höher steht als der Leib, so steht das Heil der Seele höher
als das des Leibes. Jetzt öffnet nicht das blinde Fleisch die
Augen um eines Wunders des Herrn willen, und (doch) öffnet
das blinde Herz die Augen dem Worte des Herrn.“ Vgl. auch
de peccator. meritis et remiss. lib. II, c. 32, §. 52 und de civ.
Dei lib. XXII, cap. 8, wo Aug. sagt, wer jetzt noch nach
Wundern frage, um zu glauben, sei selbst ein grosses Wunder,
indem er nicht glaube, während die ganze Welt gläubig sei
(Quisquis adhuc prodigia ut credat inquirit, magnum est ipse
prodigium, qui mundo credente non credit).

Allein diese ganze Ansicht, der zufolge eine Fortdauer der
Wunder nicht mehr nöthig, ja nicht einmal mehr heilsam wäre
und in der That solche nicht mehr vorkommen, findet sich mit
Entschiedenheit nur in den früheren Schriften Augustins·

ausgesprochen, und die vorher angeführten Aussprüche werden durch eine Reihe anderer mehr als aufgewogen. Es gab zur Zeit Augustins Leute, die nicht glaubten sich als geförderte Christen ausweisen zu können, wenn sie nicht Wunder thäten. Wenn er nun solchen Christen (enarrat. in Psalm. 130, §. 6) nichts Anderes entgegenzuhalten weiss, als die Wahrheit, nicht Alle bedürften der Wundergabe, auch denjenigen, die nicht im Stande seien Wunder zu thun, bleibe ja der Niessbrauch der Wundergabe Anderer, die in der Kirche vorhandenen Gaben seien ja Gemeingut (und ohnehin hätten alle Antheil an den von den Aposteln verrichteten Wundern): so klingt schon das nicht wie eine eigentliche Leugnung der Fortdauer der Wunder in der Kirche. Schlagender ist, dass er in den Retractationes (I, 14, §. 5) seine früher (de utilit. credendi c. 16) geschriebenen Worte dahin umdeutet, er habe nur sagen wollen, es geschähen jetzt nicht mehr so grosse Wunder, wie zur Zeit Christi, und nicht mehr alle, die damals geschehen seien, dagegen habe er nicht sagen wollen, es geschähen jetzt gar keine mehr. Und im sermo 286 (in natali martyrum Protasii et Gervasii) §. 5 (xxx) macht er zwar darauf aufmerksam, Gott sorge dafür, dass seine Wunder nicht (durch zu häufiges Geschehen) im Werthe sänken, aber ebendaselbst (§. 4) erzählt er, er sei selbst in Mailand Zeuge gewesen der Heilung eines allgemein bekannten, vielleicht noch lebenden Blinden bei den Gebeinen der heiligen Märtyrer Protasius und Gervasius. Dieselbe Wundergeschichte erzählt er auch in den Retractationen (I, 13, §. 7), wo er zugleich seine Reue über die in der Schrift de vera relig. (s. oben) von ihm geäusserte entgegengesetzte Meinung ausspricht und nicht ansteht zu behaupten, es geschähen noch zu seiner Zeit unzählige Wunder. Von diesen gibt er übrigens zu, dass sie weniger glänzend seien, als die urchristlichen, womit zusammenhange, dass die Kunde von ihnen nicht weithin dringe, dass sie oft nur lokale Verbreitung fänden und in der Ferne selbst von Christgläubigen nicht als thatsächlich anerkannt würden (de civ. Dei l. XXII, cap. 8). An derselben Stelle, wo er diess auseinandersetzt, gibt er uns dann wirklich eine Blumenlese aus der Zahl der ihm bekannten Mirakel seiner Zeit. Hier sehen wir deutlich, wie sehr sich schon der grosse Bischof von Hippo am Abende seines Lebens jenem Mirakelglauben näherte, der weniger als zwei Jahrhunderte später bei Gregor dem Grossen bereits üppig wuchert (vgl. auch epist. 78, §. 3). —

§. 3. Wunder ausserhalb des Bezirkes der Offenbarungsgeschichte und der Kirche.

Das Interesse des Aug. an den Wundern ist zunächst ein religiöses und offenbarungsgeschichtliches, nicht ein metaphysisches und naturgeschichtliches. Aus diesem Grunde konnte er, scheint es, die Realität der ausserbiblischen und ausserkirchlichen Wunder mit Stillschweigen übergehen. In der That zeigt er rücksichtlich dieser eine grössere Sprödigkeit und geringere Leichtgläubigkeit. Jedoch lag im Interesse der Apologetik keineswegs eine schroffe Leugnung der Thatsächlichkeit · der von Heiden angeblich verrichteten oder gemeldeten Prodigien. Ein neuer Kostenaufwand war mit der Anerkennung heidnischer Wunder für Aug. nicht verbunden, da er ja · ohnehin durch die Bibel sich daran gehindert sah, die Klasse der dämonischen Wunder zu beseitigen, dieser aber die heidnischen zuweisen konnte. Ferner konnten von Heiden und Christen anerkannte heidnische Wunder oder Wunderberichte eine erwünschte Grundlage bilden für den Beweis der metaphysischen Möglichkeit der von den Heiden verworfenen biblischen und offenbarungsgeschichtlichen Wunder. In der That steht Aug. mit dem einen Fusse auf dieser Grundlage, den anderen stützt er freilich der Sicherheit halber auf einen Kanon, von dem aus er etwaiger Zudringlichkeit heidnischer Wunderberichte ruhig entgegen sehen konnte. Dieser Kanon ist de civ. Dei lib. XXI, cap. 6 (xxxv) folgendermassen formulirt: „Wir haben nicht nöthig, Alles zu glauben, was in heidnischen Berichten enthalten ist, da auch die Berichterstatter selbst, wie Varro sagt, in sehr Vielem von einander abweichen, gleich als ob sie das beabsichtigten oder als ob sie es mit Fleiss thäten. Sondern das glauben wir, wenn wir wollen, was nicht im Widerspruch steht mit den Büchern, denen wir, wie wir nicht zweifeln, Glauben schenken müssen." Je mehr sich nun aber Aug. durch diesen Kanon sichergestellt hat, desto weniger weigert er sich, wirklich manche angebliche Wunder anzuerkennen, die nicht in der Bibel stehen und die nicht auf dem Boden der Kirche gewachsen sind. Dass dieselben zum Theil naturgeschichtliche Phänomene darstellen, welche uns gar nicht mehr als wunderbar erscheinen, ist gleichgiltig; es kommt nur darauf an, dass Aug. sie dafür hielt. Man erzählte, im Lande Sodom (de civ. Dei lib. XXI, cap. 5, vgl. c. 7 (xxxv) gebe es Früchte, welche wirklich das Ansehen der Reife erlangten; wenn man aber hineinbeisse oder darauf drücke, so zerspringe die Schale und die Frucht löse sich in Rauch und Asche auf; ferner, in Epirus gebe es eine Quelle, die nicht nur brennende Fackeln, die man daran halte, auslösche, sondern auch erloschene entzünde. Dass eine ähnliche Quelle in Gallien nicht weit von Gratianopolis wirklich existire, erklärt Aug. nicht bezweifeln zu können. Ebenso hält er jene Notiz über die sodomitischen Früchte für völlig glaubwürdig. Ferner erzählte man von einem Venustempel (ib. cap. 6), in dem sich auf einem Gestell eine trotz allem Wechsel des Wetters ewig brennende, unauslöschliche Lampe befinden sollte. Aug. lässt es unentschieden, ob dem ein menschliches (durch Anwendung des Steins Asbest *) bewerkstelligtes) oder ein magisches oder ein dämonisches Kunststück zum Grunde liege, bezweifelt aber nicht die Wahrheit der Thatsache. Freilich verlangt er für dergleichen Phänomene glaubwürdige und ausreichende Zeugen, wenn er daran glauben soll, während er der Bibel auf ihr Wort glaubt; im Allgemeinen ist er aber mehr geneigt, deren Glaubwürdigkeit einzuräumen, um dieselbe nicht minder, auch heidnischerseits, für die biblischen Wunder in Anspruch nehmen zu können, als sie schlechtweg in Abrede zu stellen und desto Grösseres auf die Einzigkeit der biblischen und kirchlichen Wunder zu bauen (vgl. auch de civ. Dei l. XXII, c. 9—11). So weit er letzteres wirklich thut, thut er es auf die Ueberzeugung hin, dass die heidnischen Wunder trotz ihrer Thatsächlichkeit den biblischen Wundern nicht gleichzustellen seien.

Diess erkennt man z. B. aus de civ. Dei l. X, cap. 16. Hier erwähnt er verschiedene Mirakel der heidnischen Götter, z. B., dass die Bilder der Penaten, welche Aeneas von Troja mitbrachte, sich von einem Orte zum anderen bewegt haben sollen; dass eine vestalische Jungfrau, die im Verdachte stand entehrt zu sein, durch ein Sieb, in welches sie Wasser der Tiber goss, ohne dass es durchfloss, ihre Unschuld bewährt haben sollte u. s. w. Diese und andere Wunder der heidnischen

---

*) Es scheint ein anderer als der jetzt so genannte Stein gemeint zu sein.

Götter erklärt er nicht für Mährchen (vgl. auch cap. 18), sondern für historisch, unterscheidet sie von denjenigen magischen
oder theurgischen Wundern, die selbst die heidnischen Gesetze
verböten und die zumeist lediglich auf Sinnentäuschung beruhten, und begnügt sich im Uebrigen damit, hervorzuheben,
sie seien mit dem im Volke Gottes geschehenen an Kraft und
Grösse (virtute ac magnitudine) nicht zu vergleichen. Kurz,
Aug. glaubte zugeben zu müssen, dass auch ausserhalb der
Stadt Gottes Wunder geschehen sind. Er unterscheidet dieselben allerdings, wie wir sehen werden, sehr deutlich von den
göttlichen. Hier kam es jedoch nur darauf an, zu erhärten,
dass er ihre Thatsächlichkeit nicht leugnet. —

B. Arten der Wunder.

Unsere Darstellung würde einem verschwommenen, der
Gliederung entbehrenden Bilde gleichen, wollten wir darauf verzichten, nach der Zeichnung der allgemeinen Grundzüge zum
Besonderen herabzusteigen. Wir haben daher nunmehr das
Wunder im Namen Augustins in seine Arten zu zerlegen. Inso-
weit verschiedene Arten des Wunders dadurch entstehen, dass
der Begriff des Wunders bald strenger, bald minder streng
erfüllt erscheint, haben wir schon im ersten Capitel bei der
Feststellung des Wunderbegriffs zugleich eine Eintheilung
vollzogen, die wir hier nicht wiederholen. Ebensowenig dürfen
wir die Unterscheidung der biblischen, kirchlichen und ausserbiblischen, so wie ausserkirchlichen Wunder hier wiederholen,
ja selbst rücksichtlich des Unterschiedes der sinnfälligen Wunder
einerseits, der geistigen (Gnaden- und Geschichtswunder) andrerseits haben wir, da Aug. diesen Unterschied zwar keineswegs
übersieht, jedoch äusserlich nicht sehr in den Vordergrund
stellt, lediglich auf das früher (Cap. I, §. 4 d) bemerkte zu
verweisen.

Aug. selbst hat nirgendwo eine systematische Eintheilung
der Wunder, welche von dem Allgemeinen zum Besonderen
herabsteigt, unmittelbar hingestellt. Wo er classificirt, werden
vielmehr die beiden obersten Hauptklassen — als sich von selbst
verstehend — vorausgesetzt. Diese Hauptklassen bilden aber
einestheils das göttliche, anderentheils das dämonische Wunder
(vgl. de civ. Dei l. XXII, cap. 9 fin. mit de' utilit. credendi
cap. 16, §. 34, de civ. Dei XXI, cap. 6, X, cap. 16). Mag

man nämlich vom Urheber oder vom Zweck oder vom Grade
des Wunderbaren ausgehen: immer wird man auf jenen obersten
Gegensatz zurückgewiesen. Es ist daher nicht nöthig, die verschiedenen Gesichtspunkte völlig auseinander zu halten. Denn
der Charakter des Urhebers bedingt auch den Charakter des
Zweckes, im Allgemeinen auch den Grad der Grösse. Freilich
darf nicht übersehen werden, dass in einem gewissen Sinne
nach Aug. überhaupt kein Wunder ohne einen göttlichen Ur-
sprung und ohne einen göttlichen Zweck zu Stande kommt,
d. h. dass in Gott auch für die Dämonen die Fähigkeit Wunder
zu thun ihre Quelle hat, und dass Gott auch bei den dämonischen Wundern, die er ja zulässt und in seinen Reichsplan
aufnehmen muss, seine Hand mit im Spiele hat. Dieser Um-
stand, den wir unten näher in's Auge fassen werden, kann uns
jedoch nicht hindern, von jenem Hauptgegensatze auszugehen.

§. 1. a. Kennzeichen des göttlichen oder aber dämonischen Charakters eines Wunders. Seitdem Christus
als Erlöser in die Welt eingetreten ist, könnte, deutet Aug.
(de serm. Dom. in monte sec. Matth. l. II, cap. 25, §. 84 f. (xx)
an, die Berufung auf seinen Namen im Munde eines Thaumaturgen als ein hinlängliches Kennzeichen der Göttlichkeit des
von ihm verrichteten Wunders erscheinen. In der That, setzt
er hinzu, reicht jedoch eine solche zur Bewährung dessen, was
sie bewähren soll, nicht aus. Man soll sich durch den blossen
Namen Christi im Munde derjenigen, „welche den Namen
haben und die Thaten nicht haben“, nicht täuschen lassen,
eben so wenig „durch gewisse Thaten und Wunder“. Denn es
wäre ein Irrthum, zu glauben, „es walte da (immer) die unsichtbare (göttliche) Weisheit, wo wir ein sinnfälliges Wunder vor
uns haben“. Christus selbst warne ja (Matth. 24, 23 f.) vor
falschen Propheten, die doch Wunder thun würden. Sehr anschaulich wird dieselbe Warnung de divers. quaestion. octog.
tribus quaest. 79, §. 3 und 4 (xxxii) mittelbar durch eine Pa-
rallelisirung der Christen mit kaiserlichen Soldaten begründet.
Es komme nämlich oft vor, dass zuchtlose Soldaten von Privat-
leuten, denen sie gefälschte kaiserliche Vollmachten vorhielten,
Lieferungen erpressten. Aus Furcht vor dem Kaiser liessen
sich diese nicht selten herbei, das auf Grund einer falschen
Vollmacht Requirirte wirklich zu liefern. Etwas Aehnliches

finde nun statt, wenn „schlechte Christen" den Namen Christi
dazu missbrauchten, von den „Mächten" (= Engeln), die im
Besitze der Wundergabe seien, von ihnen selbst zu verrichtende
Wunder zu erpressen. Nicht selten gelinge ihnen diess, obgleich
sie von Christus nicht bevollmächtigt seien; denn die „Geister"
zitterten vor den Zeichen Christi, möchten es Worte oder heilige
Handlungen sein, die im Namen Christi erfolgten, und wagten
nicht, denselben zu widerstehen. Also die Berufung auf den
Namen Christi reicht zur Beglaubigung nicht aus. Zu dieser
ist. vielmehr erforderlich, dass die Wunder geschehen zu Ehren
des Einen wahren Gottes, dass sie geeignet sind, die Verehrung des Einigen Gottes, in dem allein seliges Leben ist, zu
befördern (de civ. Dei l. X, cap. 12, vgl. l. XXII, cap. 10).
Daraus folgt, dass die Wunder der Dämonen oder heidnischen
Götter, die vielmehr ihre eigene Ehre suchen, so ähnlich sie
auch den Wundern der guten Engel und der frommen Menschen
sind, nicht den Stempel der göttlichen Autorität an sich tragen
(de civ. Dei l. X, cap. 16). Wenn derselbe Aug. den Wundern der Donatisten, die doch Gläubige sein wollten, seine
Anerkennung desshalb versagt, weil diese nicht „in der Liebe"
ständen (in Joh. ev. tractat. XIII, §. 17 (xv), so ist das nur ein
anderer Ausdruck für jenes Requisit, welches er bei den
bösen Engeln vermisst. Die Liebe spricht er ihnen ab, weil sie
Schismatiker sind, weil sie die Kirche gespalten haben (unitatem
dividere). Da nun die katholische Kirche der Tempel Gottes
ist, so ist durch die Lieblosigkeit, welche die Voraussetzung
der Kirchenspaltung bildet, mittelbar eben die Ehre Gottes
beeinträchtigt.

Das entscheidende Merkmal eines Wunders ruht also in
dem Zweck, welchen der Thaumaturg verfolgt. Dieser ist für
die unmittelbar göttlichen Wunder oder für die Wunder von
Gott berufener Werkzeuge im Allgemeinen die Ehre Gottes.
Die Selbigkeit des letzten Zweckes schliesst freilich eine Mannig-
faltigkeit von Mittelzwecken nicht aus. Die Hervorhebung der
letzteren behalten wir uns jedoch für einen anderen Abschnitt
vor. Hier bemerken wir nur, dass die Fassung jenes letzten
Zweckes bei Aug. nicht überall genau dieselbe ist. So bezeichnet er in der enarrat. in Psalm. 110, §. 5 (xxiii) die Weckung
der Furcht Gottes, de civ. Dei l. XXII, cap. 10 die Weckung
des Glaubens (ut in Deum credatur) als den Zweck der

Wunder. Damit steht es natürlich nicht im Widerspruch, dass er an anderen Stellen (in Joh. evang. tractat. XCI, §. 2—4, vgl. Confess. X, cap. 35, §. 55 (1) die Wirkung des Heiles als diesen Zweck hinstellt. Denn auch diese dient ja schliesslich ebenso zur Ehre Gottes, wie zur Beseligung der Erlösten. b. Vehikel und persönliche Werkzeuge der göttlichen Wunder. De trinit. l. III, cap. 10 setzt Aug. auseinander, die göttlichen Wunderzeichen seien nicht immer von einer Erscheinung Gottes begleitet; wenn er aber erscheine, so thue er es bald in Gestalt eines Engels, bald in Gestalt anderer körperlicher Wesen, und zwar erlitten diese, wenn sie schon vorhanden wären, irgend eine Veränderung; wären sie noch nicht vorhanden, so würden sie zu dem erwähnten Behufe erst in's Dasein gerufen, verschwänden aber wieder, nachdem sie ihre Aufgabe erfüllt. Hier ist theils von den sachlichen Vehikeln, theils von den persönlichen Werkzeugen oder Vermittlern der göttlichen Wunderthätigkeit die Rede. Die ersteren classificirt Aug. nicht näher, zu einer Classification der letzteren dagegen stellt er uns wenigstens hinreichende Materialien zu Gebote, und zwar sind die persönlichen Werkzeuge der göttlichen Wunderthätigkeit entweder 1) Gott der Vater selbst oder 2) Christus oder 3) die guten Engel oder 4) auserwählte Menschen; wobei jedoch nicht zu übersehen ist, dass diese Werkzeuge selbst zum Theil nicht nur Gotte gegenüber, sondern auch einander als Organe dienen (namentlich die Menschen den Engeln).

1. Ob Gott selbst nach Aug. der einzige letzte Urheber aller rechtmässigen Wunder ist, namentlich aller derer, die eine schöpferische Kraft voraussetzen, kann nicht zweifelhaft sein. Eine andere Frage ist aber die, ob Gott als Wunderthäter gleichwohl sich immer irgend welcher Mittelspersonen bedient, oder ob er in gewissen Fällen auf den Dienst aller mittlerischen persönlichen Werkzeuge verzichtend unmittelbar Wunder wirkt und somit auch als einziges persönliches Werkzeug seiner eigenen wunderbaren Wirksamkeit auftritt. Ob diess vorkomme, lässt Aug. in der That unentschieden (vgl. z. B. de civ. Dei l. XXII, cap. 9), und de genesi ad litt. l. IX, §. 35 (XII) erklärt er so viel wenigstens für wahrscheinlich, dass alle Wunder, welche die Erscheinung Christi vorherverkündigten oder ankündigten, unter der Vermittelung von Engeln ge-

schehen sind. Ohne die Mitwirkung des Logos lässt Aug. ohnehin nach Massgabe seiner Trinitätslehre den Vater überhaupt nichts thun, und (in Joh. ev. tractat. VIII, §. 1 (xiii) heisst es ausdrücklick: „die früheren Wunder that (der Vater) durch seinen Logos, welcher Gott war bei ihm, die späteren Wunder that er durch eben diesen Logos, der Fleisch ward und um unseretwillen Mensch wurde".

2. Gewissermassen ganz dieselbe Stellung, wie dem Vater, räumt er den Wundern gegenüber zuweilen Christo ein. An Einer Stelle wenigstens (in Psalm. XC enarrat., sermo I, §. 1 (xxi) bezeichnet er Christus als den im Grunde einzigen Wunderthäter. In der Kraft Christi, bemerkt er daselbst, habe Elias einen Todten erweckt, nur desshalb habe Petrus ein scheinbar grösseres Wunder thun können (Apostelgesch. 5, 15), als Christus selbst (Joh. 11, 43), weil eben Christus in ihm war, ja „alle Wunder, welche vollbracht sind, sei es von Früheren, sei es von Späteren, vollbrachte eben der nämliche Herr, der auch in seiner Gegenwart solche vollbrachte". Dass ein so entschiedener Bestreiter des Subordinatianismus und ein so entschiedener Vertreter der Einheit der dreieinigen Gottheit dies von dem Logos aussagt, kann uns auch gar nicht Wunder nehmen. Nichtsdestoweniger ist doch auch dem Aug. der historische, der fleischgewordene Christus Ein Wunderthäter neben anderen, freilich auch so über den anderen. Ueber den anderen: denn (in Joh. evang. [cap. 2] tractat. VIII, §. 3 (xiii) „nicht das war der Sinn seiner Menschwerdung, dass er seine Gottheit aufgeben sollte: die Menschheit trat hinzu, die Gottheit ging nicht verloren. Derselbe also" ..... verwandelte Wasser in Wein, der Himmel und Erde schuf (§. 1 ebendas.). Und als der Versucher zu ihm sprach: „sprich zu diesen Steinen, dass sie Brot werden, wenn du der Sohn Gottes bist" (Matth. 4, 3): da wäre es ihm ein Geringes gewesen „aus Steinen Brot zu machen, ihm, der von fünf Broten so viele Tausende sättigte. Aus Nichts schuf er Brot, denn woher kam so viel Menge der Speise, welche so viele Tausende sättigte? Die Quellen des Brotes waren in den Händen des Herrn. Das ist nicht wunderbar. Denn derselbe machte aus fünf Broten viel Brot, wovon er so viele Tausende sättigte, welcher täglich in der Erde aus wenigen Körnern grosse Erndten bereitet. Denn (auch) das sind Wunder Gottes, nur machen sie, weil sie immer

geschehen, keinen Eindruck mehr. Wohlan, Brüder! War es dem Herrn unmöglich, aus Steinen Brote zu machen? Machte er doch Menschen aus Steinen, wie Johannes der Täufer in eigener Person spricht" (Matth. 3, 9) u. s. w. (in Psalm. 90 enarrat., sermo II, §. 6 (xxii). Vgl. auch sermo 247 in diebus Paschal. XVIII (zu Joh. 20), §. 2 (xxix). —

„Dadurch dass geschrieben steht, er sei, obwohl die Thüren verschlossen waren, plötzlich den Jüngern erschienen, wollen wir uns nicht bestimmen lassen, zu leugnen, dass das ein menschlicher Körper gewesen sei, weil wir sehen, dass es der Natur dieses Körpers widerspricht, durch verschlossene Thüren einzutreten. Gotte nämlich ist Alles möglich. Denn augenscheinlich widerspricht auch das Wandeln über dem Wasser der Natur dieses Körpers, und doch wandelte der Herr vor seinem Leiden nicht nur selbst darüber, sondern liess auch den Petrus darüber wandeln. So machte er also auch nach seiner Auferstehung mit seinem Körper, was er wollte. Denn wenn er im Stande war, denselben vor seinem Leiden zu verklären gleich dem Glanze der Sonne, warum soll er nicht im Stande gewesen sein, auch nach dem Leiden ihn auf einen Augenblick zu einer solchen Feinheit zu verdünnen, dass er durch verschlossene Thüren eintreten konnte?" (de agone Christiano cap. 24, §. 26 (xxxiii). Also auch der fleischgewordene Christus, ein Wunderthäter neben, nach und vor anderen, stand als solcher doch zugleich über diesen, weil er seine Gottheit nicht aufgegeben hatte. Sieht man von dem ab, was er als Gott leisten konnte, hält man sich an das, was er wirklich that: so könnte es freilich auf den ersten Blick so scheinen, als hätte er nichts Grösseres geleistet, als Andere (in Joh. ev. tractat. 91, §. 2 f.). Auch Elias und Elisa haben ja Todte erweckt. Allein Niemand hat doch fünftausend Menschen von fünf, viertausend von sieben Broten gespeist, Niemand wandelte über dem Wasser, liess den Petrus dasselbe thun, verwandelte Wasser in Wein u. s. f. Darauf entgegnet man freilich, auch Moses habe ja Wunder gethan, die kein Anderer vermochte, ebenso Josua, Simson, Elias, Elisa, Daniel u. A. „Aber schlechterdings von Keinem der Alten lesen wir doch, dass er so viele Gebrechen und Krankheiten und Qualen der Sterblichen in solcher Machtfülle geheilt (Marc. I, 32. Matth. VIII, 17. Marc. VI, 56)"...... „Das that anders Niemand an ihnen. Denn so ist das Wort „in eis" — fährt Aug. fort — zu verstehen, nicht unter ihnen oder vor ihnen, sondern geradezu an ihnen, weil er sie heilte. Er wollte nämlich das darunter verstanden wissen, was nicht nur Bewunderung erregte, sondern auch augenscheinliches Heil brachte, Wohlthaten, welche sie jedenfalls durch Liebe, nicht durch Hass zu vergelten verpflichtet waren." · Seine Geburt von einer Jungfrau, seine Auferstehung und seine Himmelfahrt sind sogar vielleicht grössere Wunder, als die Erschaffung der Welt (epist. 137, §. 14 (vii). Aug. bezeichnet dieselben, namentlich die beiden letzteren, mehrfach als die Centralwunder; nicht nur die übrigen biblischen Wunder, sondern auch die späteren Wunder der christlichen Märtyrer haben vor Allem den Zweck, den Glauben an diese Wunder Christi zu wecken und zu stützen (de civ. Dei l. XXII, cap. 8). Unter seinen Heilungswundern sind aber die Seelenheilungen über die Heilungen leiblicher Schäden zu stellen, und alle seine Wunderwerke werden überstrahlt von dem grösseren Wunder, welches in seiner Menschwerdung an und für sich schon lag (in Joh. evang. tractat. 17. §. 1). Uebrigens verfehlt Aug. nicht, gerade von den Wundern Christi hervorzuheben, dass sie zur rechten Zeit (opportunissime) geschahen (de utilit. credendi cap. 16, §. 34 (xxxvii). —

3. Einen sehr hohen Rang nehmen als Werkzeuge der wunderbaren göttlichen Grossthaten die (guten) Engel ein. Von allen Wundern, sagt Aug., welche die Zukunft Christi vorherverkündigten oder ankündigten, ist wahrscheinlich, dass sie unter der Vermittelung von Engeln geschehen sind, „dergestalt freilich, dass nur der Gott, welcher, wer auch immer pflanze und begiesse, allein Wachsthum gebe, allenthalben der einzige Schöpfer oder Wiederhersteller der Creaturen sei" (de genesi ad litt. lib. IX, §. 35 (xii). „Denn auch den guten Engeln (de trin. l. III, cap. 8, §. 13 (xxxix) darf man keine Schöpferkraft zutrauen". De civ. Dei l. XXII, cap. 9 erklärt er für möglich, dass Gott sogar alle Wunder, die er nicht unmittelbar selbst thue (also auch die Wunder der Märtyrer und noch lebenden Menschen) durch Engel verrichte, „denen er unsichtbar, unwandelbar und übersinnlich (incorporaliter) gebiete"; und selbst, wo es nicht gerade nöthig war, erwähnt er gern die Engel, wenn er von Wundern redet (s. z. B. de civ. Dei l. X, cap. 12). Durch sie als seine „unsterblichen Boten, welche nicht ihren

Stolz, sondern Seine Herrlichkeit kundgeben", thut Gott „grössere,
sicherere und glänzendere Wunder", als sie die Dämonen zu
vollbringen im Stande sind (ebendas. cap. 16).

4. Aber auch Menschen verleiht Gott die Gabe über-
natürlicher Verrichtungen, wiewohl nicht allen, selbst nicht
allen Frommen. Aug. schärft nicht selten ein, dass man auf
die Wundergabe nicht zu viel Werth legen solle. Zu den Absichten, welche Gott dabei gehabt habe, dass er auch bösen
Engeln die Kraft Wunder zn wirken verliehen habe, rechnet
er unter anderen die, die Gläubigen vor jenem Fehler zu war-
nen (de trinit. l. III, cap. 7 (xxxviii). Auch die ägyptischen
Zauberer konnten Wunder thun; die Israeliten, welche diesen
gegenüberstanden, konnten's dagegen (abgesehen von Moses
und Aaron) nicht. An und für sich ist es nicht einmal ein
wesentlicher Vorzug (sermo 90 [de verbis Matth. 22] §. 5 (xxv).
Am allerwenigsten stehen die, welche es vermögen, schon desshalb höher bei Gott, als Andere, und es ist ein höchst ver-
derblicher Irrthum, zu glauben, dass dieses Charisma werth-
voller sei, als Werke der Gerechtigkeit, durch welche man sich
das ewige Leben bereitet (de divers. quaestion. octog. tribus
quaest. 79, §. 3 (xxxii). Gott vertheilt die Gaben verschieden,
das Auge kann nicht zur Hand sprechen: „ich brauche deiner
nicht". Jedes Glied hat seine besondere Gabe und Aufgabe.
So verhält es sich auch in der Kirche. Nicht Alle bedürfen
der Wundergabe. Der Spott eines Heiden, der bei einem
Gläubigen etwa Wunder vermisst, ist also leicht zurückzu-
weisen. Die in der Kirche vorhandenen Gaben sind ja Gemein-
güter und die Wunder der Apostel kommen allen Gläubigen
zu Gute (enarrat. in Psalm. 130, §. 6). Gott weiss, warum
er hier Wunder geschehen lässt, dort nicht (epist. 78, §. 3),
und unwandelbar steht sein Rathschluss darüber bei ihm fest,
wo und wann er Wunder wirkt (de civ. Dei l. X, cap. 12).

Thatsächlich sind aber unzählige Wunder von frommen
Menschen verrichtet worden, und zwar theils von zahlreichen
Werkzeugen der göttlichen Offenbarung, also von Personen der
heiligen Geschichte, theils von Solchen, die diesem heiligen
Bezirke allerdings nicht angehören, aber in der Kirche die
Allmacht und Liebe Gottes durch neue Grossthaten bezeugen
sollten, sei es als eigentliche Märtyrer oder sei es als noch
diesem Leben angehörende Menschen. Unter jenen Figuren

der Offenbarungsgeschichte ragen hervor die Apostel, die jedoch ebensowenig wie die anderen Thaumaturgen der h. Schrift sich die Macht ihres Herrn anmassten (enarrat. in Psalm. 93, §. 8). Sie verrichteten vielmehr ihre Wunder durch die Kraft des Glaubens, unterstützt vom Herrn (sermo 247, §. 2 (xxix). Auch die Märtyrer, „deren Geister bei Gott leben", verrichten eigentlich nicht selbst Wunder, sondern auf ihre Bitten hin und unter ihrer Mitwirkung thut. Gott ihre Wunder, damit wir in dem Glauben bestärkt werden, indem wir glauben — nicht etwa, dass sie für uns Götter sind, sondern dass sie mit uns Einen und denselben Gott haben (de civ. Dei l. XXII, cap. 10). —

§. 2. Die dämonischen Wunder. Die persönlichen Instrumente der dämonischen Wunderthätigkeit bilden bis zu einem gewissen Grade eine gegensätzliche Parallele zu den Organen der göttlichen Grossthaten, doch entsprechen nicht allen Gliedern der einen Reihe Glieder der anderen. Namentlich tritt der Teufel in der dämonischen Hierarchie nicht so in den Vordergrund, wie in der göttlichen Gott der Vater und Christus. Diess erklärt sich daraus, dass Aug. sorgfältig vermied, irgend welcher dualistischen Weltanschauung Vorschub zu leisten. Welche gottfeindliche Thaumaturgen nun aber zu unterscheiden sind, ist im Allgemeinen klar; jedoch bedarf Ein Punkt noch einer besonderen Feststellung — das Verhältniss der von den Heiden verehrten Götter zu den Dämonen. An einigen Stellen werden nämlich die heidnischen Götter von den Dämonen oder bösen Engeln scheinbar unterschieden. So z. B. de civ. Dei l. XXII, cap. 11; l. X, cap. 16. Ferner hegt Aug. von den Göttern die euhemeristische Ansicht, dass sie gestorbene Menschen seien (de civit. Dei l. VIII, cap. 26), und diess scheint auf die Dämonen nicht zu passen. Auf der anderen Seite ist jedoch unverkennbar, dass er — abgesehen von den göttlichen Wundern — in der Regel nur entweder Wunder der Götter von Wundern menschlicher Thaumaturgen oder Wunder der Dämonen von Wundern menschlicher Thaumaturgen unterscheidet (vgl. de civ. Dei l. X, cap. 16 mit l. XXI, cap. 6), dass er überhaupt die heidnischen Götter ganz unter denselben Gesichtspunkt stellt, wie die Dämonen (vgl. z. B. de civ. Dei l. XI, cap. 1 mit de divers. quaest. octog. tribus quaest. 79,

§. 1 f.) und dass er, wo er von dii pii et sancti redet (wie de civ. Dei l. XI, cap. 1) Niemanden anders als die guten Engel meint, so dass also die dii falsi ihm als die bösen Engel oder Dämonen gelten. Diess Alles spricht dafür, dass er, obwohl sich ihm das Reich der Götter und das Reich der Dämonen nicht decken, auch jene zu den Dämonen rechnet, und in der That zeigt sich bei genauerer Betrachtung, dass wenigstens de civ. Dei XXII, c. 11 nicht eigentlich von Aug. selbst, sondern nur von Heiden, die er redend einführt, Götter und Dämonen unterschieden werden. Ferner konnte die von ihm behauptete Entstehung der heidnischen Götter aus verstorbenen Menschen den Aug. nicht hindern, sie den Dämonen zuzurechnen. Denn so gut er lehrt, dass die erlösten Menschen dereinst die Lücken im Engelstaate ausfüllen sollen, so gut konnte er auch annehmen, dass das Reich der Dämonen nicht nur aus gefallenen Engeln, sondern auch aus gefallenen Menschen bestehe.

Gehören nun auch die „falschen Götter" zu den Dämonen so bleiben nur zweierlei Vollstrecker der dämonischen Wunder übrig: die Dämonen selbst und gottlose Menschen, die mit diesen im Bunde stehen. Zwar unterscheidet Aug. de civ. Dei l. XXI, cap. 6 als mögliche Ursachen einer ausserordentlichen Erscheinung dreierlei, nämlich 1) ein menschliches Kunststück, 2) ein magisches Kunststück, 3) eine dämonische Kraft. Indess, was menschliche Taschenspielerei ohne Beihülfe eines Dämons zu Stande bringen kann, rechnet er nicht zu dem Wunderbaren. Unter den magischen Kunststücken aber, die allerdings Wunder wirken können, versteht er solche, welche von Dämonen untertützte Menschen zu Stande bringen, und unterscheidet von diesen diejenigen Leistungen, in denen sich eine nicht durch Menschen vermittelte, sondern unmittelbare dämonische Wirkung darstellt.

Ueber die dämonischen Wunder im Allgemeinen spricht er sich besonders eingehend de divers. quaestion. octog. tribus quaest. 79, §. 1 ff. (xxxii) aus, und zwar im Wesentlichen folgendermassen:

. Jedes vernünftige Wesen ist einestheils den Gesetzen des Universums unterworfen, anderentheils bewegt es sich in der ihm angewiesenen Sphäre mit Freiheit. Reine Seelen haben mehr Wohlgefallen an dem Gesetz des Universums, welches die Weisheit Gottes ist, als an ihrem Privat- und Specialrecht

Diejenigen, die sich mehr an das letztere halten, sich selbst-
süchtig nicht zum Allgemeinen erheben, empfinden die Autorität
des Universalgesetzes als eine sie beschränkende und strafende.
Hat ein Mensch mehr seine Lust an seiner Ehre und Macht,
als an der Gottes: so geräth er unter die Herrschaft solcher
Gewalten (Engel), welche das Gleiche thun und selbst als
Götter von den Menschen geehrt werden wollen. Diese (bösen
Engel) nun haben ein Gebiet, über welches sie frei verfügen
(nach jenem Privatrecht, das Jeder hat), ja dem sie sogar vor-
stehen, und in diesem Gebiete können sie zu Gunsten ihrer
Untergebenen (Menschen) sogar Wunder wirken, welche Gott
oft zulässt; und ihre Untergebenen, die sich ihnen verschrieben
haben, erscheinen so oft als Wunderthäter. Diese Fähigkeit
und Thätigkeit ist aber im Grunde mehr Strafe, denn Gnade.
Und ähnlich den Wundern der Werkzeuge Gottes sind diese
magischen Wunder nur äusserlich, dagegen haben sie einen
anderen Zweck und beruhen auf einem anderen Recht. Dort
wird die eigene Ehre, hier Gottes Ehre gesucht, dort geschehen Wunder nach dem Privatrecht der Selbstsucht, hier
nach dem göttlichen Universalrecht im Namen Gottes. Die
Geister fürchten Gott, wie ein Unterthan den Kaiser. Die
(ausserhalb der christlichen Gemeinschaft stehenden) Zauberer
nun, welchen sie gehorchen, erlangen diess in der Weise, wie
ein Privatmann durch einen Privatcontrakt von einem Besitzer
Pferde oder dergleichen erlangt. Die rechten Christen, welchen
sie gehorchen, erlangen diess in der Weise, wie ein Soldat,
der eine kaiserliche Vollmacht vorweist und von Staatswegen
berechtigt ist, Lieferungen einzutreiben, z. B. ein Pferd.
Die schlechten Christen, welchen sie gehorchen, erlangen
das in der Weise, wie Soldaten durch Vorzeigung einer falschen
Vollmacht (der Privatmann weicht, weil er den (scheinbaren)
Zeichen der kaiserlichen Gewalt nicht widerstehen kann, so der
Geist — vor dem Namen Christi). Aber im letzteren Falle
ist doch eigentlich der schlechte Christ der Geprellte; ferner
gehorcht einem solchen der Geist nicht immer, nämlich nicht,
wenn es Gott verhindert, und das thut Gott nicht selten aus
verschiedenen weisen Absichten. Freilich lässt es Gott oft zu
— sogar, wenn Gute darunter leiden — zu ihrer Bewährung.
Aber nur, weil es ihnen von oben gegeben ist, können die
bösen Geister auch den Heiligen schaden. —

Dass die bösen Engel noch viel weniger als die guten eine eigentlich schöpferische Kraft besitzen, versteht sich nach Aug. von selbst. Zwar konnten die ägyptischen Zauberer, die mit den Dämonen im Bunde standen, Frösche und andere Gebilde auf ausserordentliche Weise hervorbringen. Aber Samen für solche Gebilde schlummert verborgen in den Elementen der Welt (de trinit. l. III, cap. 8 (xxxix), ein Same des Samens, der in günstige Lage gebracht ausserordentliche Gebilde erzeugt. Diesen Samen können die Dämonen nicht in's Dasein rufen, sondern sie vermögen ihn nur zu entdecken und günstige Gelegenheiten herbeizuführen, so dass er aufkeimt und solche ungewöhnliche Erscheinungen hervorbringt (vgl. quaestion. in Heptateuch. lib. II, quaest. 21 (xviii). Uebrigens zeigen die Dämonen ihre Ueberlegenheit nur im sinnlichen Gebiete, wirken nur auf die Sinne und wecken nur dumpfe Verwunderung, keine geistigen Einsichten, keinen Flug des Geistes (de ordine l. II, cap. 9, §. 27). Auch die heidnischen Götter konnten zwar Staunen durch ihre Wunder erregen, aber keinen Segen dadurch stiften (de civ. Dei l. X, cap. 18). Mit den im Volke Gottes geschehenen sind dieselben an Kraft und Grösse nicht zu vergleichen (ebendas. cap. 16). Sie stehen — ganz abgesehen von ihrer Verwerflichkeit vom sittlichen Gesichtspunkt aus — rein physisch betrachtet bloss auf der Stufe der Wunder christlicher gestorbener Menschen (Märtyrer), die sie noch dazu besiegten, gerade so wie Moses die ägyptischen Zauberer überwand (ebendas. l. XXII, cap. 10). Ist aber schon die Kraft der Dämonen selbst eine beschränkte, so gilt diess noch viel mehr von den mit ihnen im Bunde stehenden Menschen. Jene gleichen zu Arbeiten in den Bergwerken verurtheilten Verbrechern, die ja freilich mit Hülfe von Wasser, Feuer und Erde machen können, was sie wollen, aber doch nur so weit es zugelassen wird (im Bilde: von ihren Aufsehern) (de trinit. l. III, cap. 8 (xxxix); die Zauberer unter den Menschen stehen aber noch tiefer, denn kein einziges ihrer Wunder beruht auf eigener Kraft und Erfindung, sondern „sie geschehen alle auf Grund dämonischer Belehrung und Einwirkung" (de civ. Dei l. VIII, cap. 19). —

Drittes Capitel.

Möglichkeit der Wunder.

———

Für einen der Stufe der Schwachheit entrückten, in die
Geheimnisse des göttlichen Rathschlusses, so weit es Menschen
möglich ist, eingedrungenen, von der Machtfülle Gottes überzeugten Bekenner des kirchlichen Glaubens bedarf die metaphysische Möglichkeit göttlicher Wunder keines Beweises, weil
er sie ganz in der Ordnung findet. Diess ist der Standpunkt
Augustins. Indem er jedoch erwägt, dass sich in der Kirche
jederzeit auch Solche befinden, die im Glauben noch schwach
sind, und dass der Gemeinde der Gläubigen die Schaar der
Ungläubigen gegenübersteht, welche zumal jenen Schwachen
Gefahren bereiten können, so hält auch er für nothwendig,
die Möglichkeit der Wunder, welche die Voraussetzung ihrer
Thatsächlichkeit bildet, gegen Angriffe sicher zu stellen. Dass
dergleichen Angriffe von Seiten der Ungläubigen zur Zeit des
Aug. schon etwas ganz Gewöhnliches waren, erhellt aus seiner
ganzen Apologetik deutlich genug. Dieselben beruhten zum
Theil auf einer mangelhaften Einsicht in die Nothwendigkeit
der Mittel, deren Gott behufs Verwirklichung seines Heilsplanes
nach Massgabe der vorhandenen Zustände sich bediente. Allein
weit mehr, als aus dem Gesichtspunkte des Zweckes, erschienen
Vielen aus dem Gesichtspunkte des Grundes alle Wunder
unmöglich. Desshalb verwendet Aug. fast noch mehr Sorgfalt
auf die Erhärtung der ätiologischen Möglichkeit der Wunder,
als auf die der teleologischen. Indem wir ihm nun in die
Rüstkammer seiner Vertheidigungswaffen folgen, thun wir am
besten, von den leicht wiegenden Argumenten, die er bekämpft,
auszugehen und von da aus allmählich zu den schwerer wiegenden überzugehen.

A. Möglichkeit der göttlichen Wunder nach dem
Gesichtspunkte des Grundes.

§. 1. Die Festung, in der sich die Wunderleugner zur Zeit
Augustins verschanzten, war von zwei Mauern umgeben, nach·

deren Sturze sich die Festung zwar noch halten liess, die aber zerstört werden mussten, wenn die Festung selbst erstürmt werden sollte. Diese beiden Mauern bildeten die Axiome: 1) Das Unerklärliche ist auch unmöglich. 2) Das Ungemeine, das Beispiellose, das in seiner Art Einzige ist, weil es diess ist, auch unglaublich. Wo ihm das erste Axiom allein entgegentrat, konnte es dem Aug. keine Verlegenheit bereiten. Denn es musste ihm leicht sein, auf eine grosse Anzahl von Thatsachen des Naturlebens hinzuweisen, deren Realität von Niemandem geleugnet wird und die dennoch unerklärlich sind. Die zahlreichen Stellen, in denen er auf dergleichen verweist, dürfen hier nicht alle wiederholt werden (s. oben Cap. I, §. 4 a). Es genügt, einige wenige hier mitzutheilen. So hält er in der epist. 137, §. 11 (vii) denen, welche an der Möglichkeit der Vereinigung der göttlichen und menschlichen Natur in Christo zweifelten, entgegen, erklären könnten sie ja auch eine Thatsache nicht, die alltäglich vorkomme, nämlich, „wie durch Vermischung einer Seele mit einem Körper die Person eines Menschen entstehe". In Beziehung auf die kirchliche Lehre von der Auferstehung des Fleisches bemerkt er in der epist. 102, §. 5 (v) Folgendes: „Diess halten gewisse Leute für unglaublich, weil sie es noch nicht erfahren haben, während doch die ganze Welt so mit Wundern erfüllt ist, dass sie (nicht etwa, weil sie die Vernunft leicht ergründen kann, sondern weil man sie zu sehen gewohnt ist) nicht (mehr) wunderbar sind und desshalb weder der Betrachtung noch der Erforschung werth scheinen. Denn ich und mit mir Alle, welche sich Mühe geben, das unsichtbare Wesen Gottes mittelst dessen, was geschehen ist, zu verstehen, bewundern die Thatsache entweder nicht minder oder gar mehr, dass in einem einzigen kleinen Samenkorn Alles, was wir an einem Baume schön finden, im Verborgenen schon angelegt war, als dass diese Welt aus ihrem unermesslichen Schosse die Bestandtheile der menschlichen Körper, die sie bei deren Auflösung in sich aufnimmt, für die zukünftige Auferstehung ganz und ungeschmälert wieder hergeben wird."

„Alles Wunderbare, was in dieser Welt geschieht" — heisst es de civ. Dei l. X, cap. 12 (xxxiv) — „ist wahrhaftig weniger, als diese ganze Welt, d. h. Himmel und Erde und Alles was darin ist, was doch sicherlich Gott gemacht hat.

Gleichwie aber der selbst, welcher es machte, so ist auch die Art wie er es machte dem Menschen verborgen und unbegreiflich. Mögen daher die an den sichtbaren Creaturen haftenden Wunder dadurch, dass wir sie immerfort sehen, noch so sehr ihre Werthschätzung eingebüsst haben: dennoch sind sie, wenn wir sie mit Weisheit anschauen, grösser als die ungewöhnlichsten und seltensten. Ist doch auch der Mensch ein grösseres Wunder, als jedes Wunder, das durch einen Menschen geschieht."

Entziehen sich schon jene Erscheinungen des alltäglichen Naturlaufes einer eigentlichen Erklärung, so scheint diess noch viel mehr von gewissen seltenen naturgeschichtlichen Phänomenen zu gelten. Aug. verfehlt nicht, diejenigen, die überall eine Erklärung der Erscheinungen fordern, die sie für wirklich halten sollen, auf solche Phänomene hinzuweisen. „Die Ungläubigen", sagt er de civ. Dei l. XXI, cap. 5 (xxxv), „welche, wenn wir frühere oder zukünftige göttliche Wunder preisen,.... von uns eine Erklärung dieser Thatsachen verlangen und, weil wir eine solche nicht geben können,.... für falsch halten, was wir behaupten: — sind verpflichtet selbst von so vielen wunderbaren Dingen, die wir sehen können oder sehen, eine Erklärung zu geben. Haben sie sich überzeugt, dass diess einem Menschen unmöglich ist, so müssen sie eingestehen, dass nicht schon desshalb etwas nicht stattgefunden hat (haben kann) oder nicht stattfinden wird (kann), weil man es nicht zu erklären vermag. Denn jene Erscheinungen, die in ähnlicher Weise unerklärlich sind, sind doch thatsächlich.... Man erzählt von dem agrigentinischen Salz auf Sicilien, dass es, an's Feuer gehalten, wie im Wasser sich auflöse, an's Wasser gehalten dagegen knistere, wie im Feuer; von einer gewissen Quelle bei den Garamanten, sie sei bei Tage so kalt, dass man nicht davon trinke, bei Nacht dagegen so heiss, dass man sie nicht anrühre.... Der Asbest, ein Stein Arkadiens, soll daher seinen Namen haben, weil er, wenn er einmal brennt, nicht mehr gelöscht werden kann.... Der Pyrit, ein persischer Stein, soll, wenn man etwas stark auf ihn drückt, dem, der ihn hält, die Hand anbrennen, daher er seinen Namen vom Feuer hat. Ebenfalls Persien bringe, sagt man, auch den Stein Selenit hervor, dessen innerer Glanz mit dem Monde zunehmen und abnehmen soll. In Cappadocien, sagt man, empfangen sogar Stuten vom

Winde, und die entsprechende Frucht lebt nicht länger als drei
Jahre.... Diese und unzählige andere wunderbare Erscheinungen.... mögen jene Ungläubigen, welche den göttlichen Schriften nicht glauben wollen, erklären, wenn sie können."
Obgleich nun eine weiter vorgeschrittene Naturwissenschaft
alle Reste jener angeblichen Wunder, welche die historische
Kritik etwa stehen lassen muss, aus den gewöhnlich wirkenden
Naturgesetzen zu erklären heute nicht ausser Stande ist: so war
sie es doch zur Zeit Augustins, und insofern war schon diese
Beweisführung nicht ganz bodenlos. Bedeutender ist aber, dass
er, die Gegner beim Worte haltend, darauf aufmerksam macht,
dass, wenn man die Centralwunder der Bibel als unglaub-
würdig, weil unerklärbar, abweise, man selbst ein Wunder schaffe,
welches weit unerklärlicher sein würde, als jene, wenn es nicht
in diesen selbst seine Erklärung fände. Diesen Weg schlägt
Aug. de civ. Dei l. XXII, cap. 5 (xxxvi) ein, wo er allerdings
zunächst nur nachweisen will, dass die von der h. Schrift in
Aussicht gestellte zukünftige Auferstehung des Leibes nicht
unglaublich sei.

„Mag diess", sagt er, „früher einmal unglaublich gewesen
sein. Siehe, jetzt hat sich die Welt dem Glauben ergeben,
dass der irdische Leib Christi in den Himmel erhoben ist; dem
Glauben an die Auferstehung seines Fleisches und an die Auffahrt desselben in die himmlischen Wohnungen haben sich jetzt
Gebildete und Ungebildete ergeben, nur Wenige bleiben zurück
und staunen, Gebildete oder Ungebildete. Sind sie gläubig
geworden an eine glaubliche Sache, so mögen die, welche nicht
glauben, erkennen, wie thöricht sie (selbst) sind. Hat aber
eine unglaubliche Sache Glauben gefunden, so ist
jedenfalls auch das unglaublich, dass somit geglaubt
worden, was unglaublich ist. Diese beiden unglaublichen
Dinge also, nämlich dass unser Leib auf ewig auferstehen
werde, und dass die Welt an eine so unglaubliche Sache glauben werde, beide hat derselbe Gott, ehe auch nur eins von
diesen geschehen sollte, als zukünftig vorausgesagt. Eins von
den beiden unglaublichen Dingen ist, wie wir sehen, schon
eingetroffen, dass die Welt glaubt, was unglaublich war. Warum
soll man rücksichtlich des übrigen daran verzweifeln, dass auch
das kommen kann, woran trotz seiner Unglaublichkeit die Welt
geglaubt hat, gerade so wie schon gekommen ist, was in ähn-

licher Weise unglaublich war, (nämlich) dass die Welt an etwas
so Unglaubliches glaubte, da ja diese beiden unglaublichen
Dinge, von denen wir das eine schon (eingetroffen) sehen, das
andere glauben, in derselben Schrift vorausgesagt sind, durch
welche die Welt gläubig geworden ist. Und betrachtet man
die Art wie die Welt zum Glauben gelangte, so findet sich,
dass selbst diese unglaublich ist. Leute, die keine wissen-
schaftliche Bildung genossen hatten und, was die
Gelehrsamkeit dieser Leute (der heidnischen Wunderleugner) betrifft, überhaupt ungebildet waren, nicht
grammatisch geschult, ohne dialektische Ausrüstung,
ohne rhetorischen Schwung, — Fischer sandte Christus
mit den Netzen des Glaubens an das Meer dieser
Welt — in geringer Anzahl, und fing auf diese Weise
so viele Fische von jeder Art, Fische, die um so wunderbarer waren, je seltener auch unter ihnen sich
Philosophen fanden. Zu jenen beiden unglaublichen Thatsachen wollen wir, wenn's gefällig ist, vielmehr weil's gefällig
sein muss, diese dritte hinzufügen. Jetzt haben wir also
dreierlei Unglaubliches, was doch thatsächlich ist. Unglaublich
ist, dass Christus im Fleische auferstanden ist und mit dem
Fleische gen Himmel gefahren ist; unglaublich ist, dass die
Welt an etwas so Unglaubliches geglaubt hat; unglaublich ist,
dass gar nicht vornehme Leute aus den niedrigsten Ständen,
von so geringer Anzahl und ohne Gelahrtheit, im Stande waren,
von einer so unglaublichen Sache auf so wirksame Weise die
Welt und in dieser auch Gelehrte zu überzeugen. Von diesen
drei unglaublichen Dingen wollen jene, mit denen wir es zu
thun haben, das erste nicht glauben; das zweite müssen sie
sogar vor Augen sehen, und sie kommen nicht dahinter, wie
es zu Stande gekommen ist, wenn sie nicht an das dritte glauben. Die Auferstehung Christi und seine Auffahrt gen Himmel
mit dem Fleische, in dem er auferstand, wird doch jetzt in der
ganzen Welt gepredigt und geglaubt. Ist sie nicht glaublich,
wie kommt es dann, dass jetzt auf dem ganzen Erdkreis an
sie geglaubt wird? Haben viele vornehme, hochgestellte, gebildete Leute erklärt, sie hätten sie gesehen und was sie sahen
zu verbreiten sich bemüht, nun dann ist es nicht wunderbar,
dass die Welt ihnen Glauben geschenkt hat, sondern dann
ist ausserordentlich schwer zu fassen, dass diese Leute (die

Wunderleugner) noch nicht dran glauben wollen. Hat aber, wie es wirklich der Fall ist, die Welt wenigen unscheinbaren geringen ungebildeten Leuten, welche mündlich und in Schriften erklärten, sie hätten dieselbe gesehen, Glauben geschenkt: warum schenken dann die wenigen Trotzköpfe, die noch übrig sind, der Welt selbst, die jetzt daran glaubt, immer noch keinen Glauben? Der Welt, die desshalb der geringen Zahl der nicht vornehmen, den niedrigsten Ständen angehörigen und ungelehrten Leute Glauben schenkte, weil mittelst so verächtlicher Zeugen die Gottheit selbst sich auf eine weitaus wunderbarere Weise der Ueberzeugung aufdrängte? Bestand doch die Beredtsamkeit derjenigen, die von dem, was sie sagten, überzeugten, in wunderbaren Thatsachen, nicht in Worten. Diejenigen nämlich, welche nicht gesehen hatten, dass Christus im Fleische auferstanden und mit diesem gen Himmel gefahren war, glaubten diess denen, die erzählten, sie hätten's gesehen, nicht nur auf ihr Wort, sondern auch auf Grund der wunderbaren Zeichen, die sie thaten. Denn sie hörten, wie Leute, von denen sie wussten, dass sie eine oder höchstens zwei Sprachen redeten, plötzlich auf wunderbare Art in den Zungen aller Völker redeten; dass Einer, der von der Mutterbrust her lahm war, auf ihr Wort im Namen Christi nach vierzig Jahren gesund auf seine Füsse sich stellte.... Geben sie nun zu, dass diess, so wie man's liest, geschehen ist, siehe dann fügen wir zu jenen drei unglaublichen Dingen so viele unglaubliche hinzu; und damit das Eine unglaubliche, welches die Auferstehung des Fleisches und die Himmelfahrt betrifft, Glauben finde, häufen wir so grosse Zeugnisse vieler unglaublichen Dinge zusammen; und noch immer bewegen wir die, welche in ungeheuerer Verhärtung den Glauben verweigern, nicht zum Glauben. Wenn sie aber auch von diesen Wundern nicht glauben, dass sie durch die Apostel Christi, damit ihre Predigt von der Auferstehung und Himmelfahrt Christi Glauben fände, wirklich vollbracht worden sind: so genügt uns dieses Eine Riesenwunder, dass der Erdkreis ohne alle Wunder gläubig an dieselbe (die Auferstehung u. s. w.) geworden ist" (vgl. auch ebendas. cap. 7 und cap. 8). —

§. 2. In das Allerunerklärlichste findet sich der gesunde Menschenverstand verhältnissmässig leicht, so bald es nur nicht

zugleich ungewöhnlich ist. Hartnäckiger sträubt er sich
dagegen, das Ungemeine und Beispiellose gelten zu lassen,
falls es ihm einen Strich durch seine Rechnung macht, die in
ihrer Abgeschlossenheit auf den bewährten Erfahrungen. des
Alltagslebens beruht. Wenn nun Zweifler von diesem Gesichtspunkte aus Wunder, welche die Bibel meldet, verwarfen: so
hielt Aug. ihnen zweierlei entgegen: zuerst, dass doch auch
sonst Manches vorkomme, was in seiner Art einzig dastehe;
sodann, dass doch auch die grössten Wunder der Bibel ihre
Analogieen hätten.

Ein Freund des Marcellinus hatte Bedenken darüber
geäussert, ob man an die Geburt Christi von einer Jungfrau
glauben könne. Diess Bedenken hatte Marcellinus dem Aug.
vorgetragen. Die Antwort lautet folgendermassen (ad Mar-
cellin. epist. 143, §. 12 (viii): „Wenn das, was ich über die
Jungfräulichkeit der heiligen Maria schrieb, nicht die Ueberzeugung weckt, dass diese möglich war: so müssen alle leiblichen Wunder geleugnet werden. Findet es desshalb keinen
Glauben, weil es nur einmal geschehen ist, so frage doch den
Freund, den das noch anficht, ob sich in der weltlichen Literatur nichts findet, was nur einmal geschehen ist und doch
Glauben gefunden hat, nicht auf Grund eitler Mährchen, sondern, wie man annimmt, auf Grund eines glaubwürdigen Be-
richtes, frag' ihn! — ich beschwöre Dich. Sollte er nämlich
in Abrede stellen, dass etwas dergleichen in jener Literatur
sich findet, so ist er (darauf) aufmerksam zu machen. Gesteht
er's aber ein: so ist das Problem gelöst". Vgl. auch contra
Faust. lib. 29, cap. 2 und cap. 4 und (ad Volusian.) epist. 137,
§. 14.

Wenngleich Aug. es aber sogar zu den wesentlichen Merkmalen eines vollen Wunders rechnet, dass es einzig in seiner
Art sei (s. oben Cap. I, §. 4 b), so verschmäht er doch nicht,
Analogieen herbeizuziehen, um den Glauben an die Möglichkeit des Wunderbaren zu erleichtern, und diess ist kein Widerspruch, da Gleichheit und analogische Aehnlichkeit verschiedene
Begriffe sind. Dieser Art ist, was wir oben (Cap. I, §. 4 a)
bereits angeführt haben (epist. 137, cap. 3, §. 10 (vii). Denn
hier wird als Analogie für die Entstehung des menschlichen
Leibes Christi (ohne männlichen Samen) die Thatsache hingestellt, dass Gott auch in der Natur Samen ausstreue, der nicht

selbst wieder aus Samen entstanden sei. Die Vereinigung
zweier Naturen in der Einen Person Christi ist ebenso gut
möglich und sollte nicht mehr Anstoss geben, wie die alltäglich
vorkommende Vermischung von Seele und Leib, wodurch
menschliche Personen entstehen (ebendas. §. 11). Die fünf
Brote, mit denen Christus fünftausend Mann speiste, waren
gleichsam Samenkörner, die zwar nicht der Erde anvertraut
wurden, aber doch von demselben, der die Erde erschaffen hat,
vervielfältigt wurden (in Joh. evang. tractat. 24, §. 1 (xvɪ).
„Ein Gestorbener stand wieder auf, — da wunderten sich die
Leute. So viele werden täglich geboren, und Niemand wundert sich. Wenn wir's besonnen erwägen, so gehört ein grösseres
Wunder dazu, dass einer da ist, der nicht war, als dazu, dass
einer wiederauflebt, der schon war" (in Joh. ev. tractat. 8, §. 1
(xɪɪɪ). „Was Wasser war, sahen die Leute in Wein verwandelt
und staunten. Was wird anderes aus dem Regen vermittelst
der Wurzel des Weinstockes?" (sermo 126, §. 4 (xxvɪɪ). „Wer
anders gab zurück Leichen ihre Seelen, als Todte auferstanden,
als der, welcher Fleisch in den Mutterleibern beseelt, damit
Wesen entstehen, die einst sterben werden?" (de trinit. l. III,
cap. 6 (xxxvɪɪɪ). Das Hindurchdringen des leibhaftigen Christus
durch verschlossene Thüren findet eine Analogie in der jungfräulichen Geburt Christi, indem auch hierbei der Herr durch
„verschlossene Thüren" drang (sermo 247, §. 2 (xxɪx). Ferner
kann ja an jener Thür eine Ritze *) gewesen sein, die einem
Nadelöhr an Grösse nicht nachstand, und ein menschlicher
Körper ist doch kleiner, als der Körper eines Kameels (ebendas.
§. 3)! —

§. 3. Zu glauben, dass es Dinge gibt, die wir nicht erklären können, und Thatsachen, die nur einmal geschehen sind,
gewinnen 'diejenigen, welche über die Erscheinungen der Natur
und der Geschichte nachzudenken gewohnt sind, wenn auch
nicht immer ohne Widerstreben, wohl über sich. Sauerer wird
es ihnen, angebliche Ereignisse als wirklich geschehen anzuerkennen, die nicht nur aussergewöhnlich und unerklärlich sind,
sondern sogar unverkennbaren Gesetzen der Natur zu widersprechen scheinen. Wollte Aug. diejenigen, welche zu seiner

---

*) Quandoque bonus dormitat Homerus!

Zeit eine grosse Anzahl der biblischen Wunder zu dieser
Kategorie rechneten, zum Schweigen bringen, so musste er
einen systematischeren Weg einschlagen, als jene beiden ersten,
für sich allein unerheblichen Argumente erheischten. Dazu
bot ihm denn freilich seine ohnehin feststehende Lehre von der
Macht und dem Willen Gottes manche Handhabe. Allein er
war weit davon entfernt, zu dieser ultima ratio ohne Noth seine
Zuflucht zu nehmen. Vor allen Dingen sichtete er die Thatsachen, um deren relative Erklärung es sich handelte, und da
fand er neben manchen, welche allerdings einen unmittelbaren
Recurs an die göttliche Allmacht nöthig machten, viele, die er
mit geringerem Aufwand dem Strudel des Zweifels entwinden
und von der Stufe absoluter zur Stufe relativer Wunder herab-
drücken konnte, namentlich mit Hülfe seiner eigenthümlichen
Theorie von der Schöpfung. Er wies nämlich hin: 1) auf
den Unterschied dessen, was die Natur (ohne einer eigentlichen
Nachbesserung oder wunderbaren Steigerung zu bedürfen) vermöge gewisser noch unerschöpfter, anerschaffener Kräfte leisten
kann, von dem, was sie nach der alltäglichen Erfahrung in
der Regel thatsächlich leistet, und 2) auf den Unterschied der
ursprünglichen von der durch die Sünde entstellten Natur.

a. Wir haben oben (Cap. I, §. 4 b) gesehen, dass Aug.
im Process der Weltschöpfung und Welterhaltung drei oder
vielmehr vier Stufen unterscheidet, unter denen man freilich
nicht vier im Verhältnisse zeitlicher Succession stehende Perioden verstehen darf. Denn die Priorität der rein ideellen Existenz
der Welt vor der realen ist eine lediglich logische; die Zeit
entstand ja erst mit der realen Welt, und der erste Akt der
eigentlichen Schöpfung, welcher die zweite und dritte jener
Stufen in sich schliesst, war ein simultaner. Zwar unterscheidet
Aug. auch innerhalb dieses die Setzung der noch formlosen
Materie von der Hervorbringung bestimmter einzelner Geschöpfe;
jedoch fällt beides zeitlich nicht auseinander *), und selbst unter
den sechs Schöpfungstagen sind keine Zeiträume, geschweige
denn eigentliche Tage zu verstehen, sondern sie drücken ein
stetiges Verhältniss aus, sie bedeuten verschiedene Sprossen
auf der Stufenleiter der Geschöpfe. Erst nach dem Abschluss

---

*) Vgl. darüber auch contra adversarium legis et proph. lib. I, cap. 8—10.
De fide et symbolo §. 1—8. — De divers. quaestion. octog. tribus quaest. 46. —

des Sechstagewerkes begann die zeitliche Entwickelung und
somit die vierte Stufe der Schöpfung, welche, insofern die Welterhaltung nichts anderes ist, als eine beständige, fortgesetzte
Weltschöpfung, bis in die Gegenwart reicht. Zwar ruhete Gott
am siebenten Tage, aber dieser Ausdruck der Schrift bezeichnet nicht das Ende der schöpferischen Wirksamkeit Gottes
überhaupt — von diesem sagt ja Christus: „mein Vater wirket
bis jetzt" — sondern er besagt nur, dass Gott seit dem Ab-
schlusse des Sechstagewerkes keine neuen Gattungen der
Creatur mehr gegründet habe (de genesi ad litt. l. IV, cap. 12,
§. 22), d. h. dass es sich bei der allerdings noch nicht vollen-
deten, sondern erst zu vollendenden Schöpfung fortan nicht
mehr um Ausstreuung neuer Keime für noch nicht vorhandene
Wesen handelte, sondern um die allmähliche Actualisirung derjenigen Potenzen, welche während des Sechstagewerkes zwar
angelegt, aber noch nicht actualisirt waren. Gras, Kraut,
Bäume, was schwimmt und was fliegt, die Thiere der Erde,
endlich der Mensch — alle diese Creaturen traten erst innerhalb dieser letzten Stufe in die Erscheinung, während des
Sechstagewerkes waren sie nur potentiell (potentialiter oder
causaliter, noch nicht visibiliter) erschaffen. Aber auch nachdem diese Geschöpfe ein konkretes Dasein gewonnen hatten,
blieb ein Rest noch nicht zur Actualisirung gekommener Potenzen übrig. Auf diesen beruht die Möglichkeit der
relativen Wunder (de genesi ad litt. l. V, §§. 13, 14, 20,
27, 28, 36, 37. l. VI, §. 4). Dieser Gedanke findet sich z. B.
in folgenden Stellen anschaulich entwickelt: 1) de trinit. lib. III,
cap. 8, §. 13 *); 2) quaestion. in Heptateuch. lib. II, quaest. 21
(zu Exod. 7, 12 (xviii), wo Aug. sich so vernehmen lässt: „den
körperlichen Dingen wohnen in allen Elementen der Welt gewisse geheime Samenverhältnisse (seminarias rationes) inne,
welche, wenn die geeignete Zeit und die geeigneten Ursachen
eintreten, hervorbrechen zu Gestaltungen, die ihrem Mass und
Ziel entsprechen. Und so bezeichnet man die Engel, die diese
Dinge bewerkstelligen, nicht als Schöpfer von lebenden Wesen,
gleichwie auch die Landleute nicht als Schöpfer der Saaten
oder Bäume oder von was immer für Erzeugnissen auf der
Erde zu bezeichnen sind, wiewohl sie es verstehen, gewisse

---

*) Diese Stelle ist oben, S. 23, schon ausführlich mitgetheilt.

sinnfällige günstige Umstände und Ursachen herbeizuführen, damit jene in's Dasein treten. Was aber jene auf sichtbare Weise thun, das thun die Engel auf unsichtbare Weise. Gott aber allein ist der wahre Schöpfer, der die Ursachen und Samenverhältnisse den Dingen eingepflanzt hat." 3) De genesi ad litt. l. IX, cap. 17, §. 32 ff. (s. oben S. 24). — Worauf Aug. mit diesem Raisonnement hinaus will, das ist der Beweis, dass jene vermeintlich absoluten Wunder diess in Wahrheit nicht seien, weil sie keine schöpferische Kraft voraussetzen. Diess aber wird 1) in Beziehung auf den Stoff gezeigt, aus dem die wunderbaren Gebilde (er denkt z. B. an die Schlangen der ägyptischen Zauberer) bereitet werden, indem nachgewiesen wird, dass dieser Stoff im Moment der wunderbaren Wirksamkeit — schon vorhanden und zwar auf ebenso natürlichem Wege entstanden ist, wie die Creaturen überhaupt. 2) In Beziehung auf das Mittel der Einwirkung auf diesen Stoff. Dieses ist nämlich nicht eine gänzlich unvorbereitete, eigentlich magische Verwandlung des gegebenen Stoffes, sondern es besteht lediglich darin, dass die einer Entfaltung an und für sich schon harrenden Keime in eine dieser Entfaltung günstige Lage gebracht werden. Insofern die Keime an und für sich schon von Natur darauf angelegt sind, sich einmal zu entwickeln, handelt es sich also nur um Beschleunigung eines Naturprocesses. 3) Auch der Erfolg dieses Eingriffs in die natürliche Entwickelung ist ein solcher, dass der Naturlauf dadurch nicht eigentlich gestört wird. Denn die neuen Produkte unterwerfen sich den bestehenden Naturgesetzen (die ohne Samen entstandenen Pflanzen und Thiere pflanzen sich nach ihrer Entstehung durch Samen fort). Endlich 4) verrathen diese relativen Wunder ihre Relativität dadurch, dass für ihr Zustandekommen in dem gewöhnlichen Naturlauf sich zahlreiche Analogieen finden. Denn auch unsere Eltern haben uns zwar erzeugt, aber nicht erschaffen (vgl. ausser den schon angeführten Stellen auch: in Psalm. 118, sermo XVIII, §. 3), sondern zu einer schöpferischen Fortwirkung Gottes nur den äusseren Anstoss gegeben, und auch der Landmann entlockt dem Samen neue Gewächse, ohne doch jenen oder diese zu erschaffen. Dass aber in den „Elementen der Welt" vom Sechstagewerk her Kräfte überhaupt vorhanden sind, denen der Schöpfer eine sofortige Actualisirung nicht zugedacht

hat, erhellt daraus, dass auch jetzt noch viele Pflanzen auf-
gehen, die kein Mensch gesät hat und dass noch jetzt Thiere
ohne vorgängige Vermischung eines männlichen und weiblichen
Factors entstehen (diese allerdings naive Vorstellung hegt Aug.
z. B. von den Bienen). — b. Das vorstehende Argument hätte Aug. auch solchen
Zweiflern entgegen halten können, die im Heidenthum verharr-
ten, falls sie nur den Engeln und Dämonen eine in körperlicher
und geistiger Beziehung übermenschliche Feinheit der Organi-
sation einräumten, woran sie ihr Heidenthum als solches nicht
hinderte. Dagegen konnte ein anderer Versuch, zu dem Aug.
Miene macht, um eine offenbare Abweichung von erfahrungs-
mässig feststehenden Gesetzen der Natur als denkbar zu
erweisen, eingestandenermassen nur auf Bibelgläubige Eindruck
machen, nämlich die Hinweisung auf Nachwirkungen desjenigen
Zustandes, in dem sich die Natur vor dem Sündenfall befand
und die nur desshalb naturwidrig erscheinen, weil sich in Folge
der Sünde eine andere Natur vor die ursprüngliche geschoben
hat. Es handelt sich freilich an der betreffenden Stelle (de
civit. Dei l. XXI, cap. 8) zunächst nur um die Frage, ob es
möglich sein werde, dass, wie die Schrift diess in Aussicht
stelle, die Leiber der Verdammten einem ewigen Feuer aus-
gesetzt werden, ohne zu verbrennen; aber an diese Erörterung
knüpfen sich auch Bemerkungen über die Möglichkeit von Vor-
gängen, die insgemein den Wundern beigezählt werden. Da
deutet nun Aug. darauf hin, dass der Mensch ursprünglich so
beschaffen gewesen sei, dass die Vergänglichkeit oder Sterb-
lichkeit nicht zu seiner Natur gehört habe, und dass sich daraus
die Möglichkeit ergebe, eine ewige Fortdauer auch für die dem
ewigen Feuer ausgesetzten Leiber der Verdammten denkbar
zu finden. Wenn er dieses Argument nicht weiter ausführt,
so hat diess wohl abgesehen von dem Umstande, dass er dort
nicht mit Schriftgläubigen verhandelt, seinen Grund in dem
Gefühl der geringen Ueberzeugungskraft, die demselben auch
im günstigsten Falle beiwohnen würde.

---

§. 4. Wir sahen, wie Aug. einer grossen Klasse von Wundern dadurch den Stachel der Widernatürlichkeit zu nehmen
und ihre Glaubwürdigkeit zu erhöhen bemüht ist, dass er sie

zu relativen Wundern herabsetzt. Allein er weiss sehr wohl, dass er damit nicht überall durchkommt, und verzichtet daher auf den Versuch, alle wunderbaren Vorgänge, welche die Bibel erwähnt, irgendwie aus der Natur und Schöpfung abzuleiten. Es gibt also auch für ihn der Natur gegenüber abso- lute Wunder, und solche findet er sowohl von profanen als biblischen Berichterstattern auf glaubwürdige Weise gemeldet (de civ. Dei l. XXI, cap. 8). Nur konnte er, indem er den Satz der alten Philosophie, dass aus nichts nichts wird, aner- kannte, nicht darauf verzichten, auch für diese absoluten Wun- der irgend welche Ursachen (von den Zwecken reden wir hier noch nicht) nachzuweisen. Diese aber findet er in einem zwar planmässig geordneten, aber unmittelbaren Eingreifen des Willens des allmächtigen Gottes (de civ. Dei l. XXI, cap. 7). Es trägt nämlich „Gott die verborgenen Ursachen gewisser Thatsachen in sich selbst,. welche (Ursachen) er in die geschaffenen Dinge nicht hineingelegt hat, und diese (Ur- sachen) lässt er in Wirksamkeit treten nicht vermöge jener Wirkungsweise der Vorsehung, durch welche er die Naturwesen in's Dasein ruft, sondern vermöge jener, durch welche er sie verwaltet, wie er will, sie, die er schuf, wie er wollte" (de genesi ad litt. l. IX, cap. 17, §. 33 (xii). Abgesehen von ein- leuchtenden Zwecken (von denen unten die Rede sein wird) erfordert aber der Wille Gottes, wenn er zur relativen Erklä- rung der absoluten Wunder ausreichen soll, den Beistand der Macht Gottes, und es fragt sich: wie ist Gottes Macht be- schaffen, ist sie etwa eine unbeschränkte? Auf diese Frage gibt nun Aug. scheinbar zuweilen dieselbe bequeme, schlechtweg bejahende Antwort, wie unzählige Gläubige, welche das Be- dürfniss, zu denken, niemals empfinden. In der epist. 102, §. 5 (v) sagt er in Beziehung auf die Auferweckung des Leibes Christi und unserer Leiber: „der menschlichen Kraft ist beides unmöglich, der göttlichen Macht aber beides sehr leicht." In der epist. 137, §. 8 (vii) bemerkt er, bei den Wundern liege der volle Erklärungsgrund in der Macht des Wunderthäters (Gottes). In Joh. ev. tractat. 24, §. 1 (xvi) sagt er in Beziehung auf die Speisung der Fünftausend: „die Macht war nun einmal in den Händen Christi", und in Psalm. 90 enarrat., sermo II (xxii) in Beziehung auf Matth. 4, 3 (§. 6): „die Quellen des

Brotes waren in den Händen des Herrn". Auch sermo 247,
§. 2 (xxix) erledigt er vorläufig eine Reihe von Wundern durch
die Frage: „weisst du nicht, dass Gotte nichts unmöglich ist?"
Ebenso erklärt er de agone Christiano cap. 24, §. 26 (xxxiii)
das Eindringen Christi durch verchlossene Thüren durch die
Bemerkung: Gotte ist Alles möglich. *)
       Hiernach könnte es scheinen, als ob Aug. Gottes All-
macht ganz abstract fasste und mit Verzichtleistung auf eine
harmonische Weltanschauung willkürlich mit der Willkür Gottes
schaltete. In Wahrheit hatte dieser jedoch zu viel wissen-
schaftliches Anstandsgefühl, als dass er wirklich so hätte ver-
fahren mögen. Allerdings war er von Gottes allmächtiger
Wunderkraft tief überzeugt, er glaubte nicht nur an dieselbe,
sondern er wusste diesen Glauben auch durch Schlussfolge-
rungen zu stützen. Aber andererseits ist unverkennbar, 1) dass
er Schranken der göttlichen Allmacht ausdrücklich anerkennt,
2) dass auch nach ihm der allmächtige Gott es nicht verschmähte, das Uebernatürliche an das Natürliche anzuknüpfen
und Ersteres dadurch vor Ungeheuerlichkeit zu bewahren,
3) dass er diejenige Causalität in Gott, auf welcher die Natur-
kräfte beruhen, denen die Wunder den Rücken kehren, mit
derjenigen Causalität in Gott, auf welcher die Wunder selbst
beruhen, in Einklang zu setzen weiss. Ehe wir diese drei
Thesen begründen, erinnern wir an einige Aussprüche Augustins,
welche die Grösse der göttlichen Allmacht hervorzuheben
bezwecken.
       a. Um die Grösse der Allmacht Gottes gerade in der Be-
ziehung, in der diese hier in Betracht kommt, in's Licht zu
stellen, bedient er sich unter anderen besonders des argumentum
a majori ad minus und des argumentum a minori ad majus.
„Ein grösseres Wunder ist die Regierung der ganzen Welt,
als die Sättigung von fünftausend Menschen von fünf Broten,
und doch wundert sich darüber Niemand; über jene wundern
sich die Menschen, nicht, weil sie etwas Grösseres ist, sondern
etwas Seltenes (in Joh. evang. tractat. 24. §. 1 (xvi). „Lies
das Evangelium", heisst es im sermo 247, §. 2 (xxix), „und
glaube, dass das geschehen ist, was wunderbar ist. Mehr

---

*) Diese Stelle ist schon oben S. 42 mitgetheilt.

ist, was Gott gethan hat, und worüber du dich nicht wunderst, was alle Werke übersteigt: es war Nichts, und die Welt steht." „Alles Wunderbare, was in dieser Welt geschieht, ist wahrhaftig weniger, als diese ganze Welt, d. h. Himmel und Erde und Alles was darin ist, welches sicherlich Gott gemacht hat".... „Ein Wunder, grösser als jegliches Wunder, welches durch den Menschen geschieht, ist der Mensch" (de civit. Dei l. X, cap. 12 (xxxiv). „Warum sollte Gott nicht bewirken können, dass die Leiber der Verstorbenen auferstehen und dass die Leiber der Verdammten von ewigem Feuer gepeinigt werden, er, der die Welt schuf, welche am Himmel, auf der Erde, in der Luft, im Wasser voll ist unzähliger Wunder? Denn ein Wunder, sonder Zweifel noch grösser und herrlicher, als alle, deren sie voll ist, ist die Welt selbst" (de civ. Dei lib. XXI, cap. 7 (xxxv). Was insonderheit die Wunder Christi betrifft, so können auch diese uns nicht in Erstaunen setzen. Seine Menschwerdung war ja mehr, als seine einzelnen Werke, und seine Seelenheilungen waren ja etwas Grösseres, als seine leiblichen Heilungswunder (in Joh. evang. tractat. 17, §. 1). Vgl. auch in Joh. ev. tractat. 8, §. 3. — In Psalm. 90 enarrat., sermo II, §. 6. — „Wenn in solcher Menge und Grösse Erstaunliches durch menschliche Kunst geschieht, die sich der Creatur Gottes bedient......, wenn die Werke der Zauberer die Dämonen so steigern konnten....., wie viel mehr ist Gott im Stande zu thun, was den Ungläubigen unglaublich, aber seiner Macht leicht ist, da er doch selbst die Kraft der Steine und anderer Dinge und den Scharfsinn des Menschen, der sich jener auf wunderbare Weise bedient, und die Engelwesen, die mächtiger sind, als alle irdischen Wesen, geschaffen hat".... (de civit. Dei l. XXI, cap. 6, vgl. l. XXII, c. 11). —

    b. Um aber auf die Allmacht Gottes etwas gründen zu können, muss Aug. sie so fassen, dass sie denkmöglich erscheint. In der That entzieht er sich dieser Nothwendigkeit nicht, und hiermit kommen wir zur Begründung der ersten jener drei Thesen. Er sagt nicht nur: Gott kann nicht sterben, kann nicht seine Vollkommenheit verlieren, kann nicht sündigen, kann nicht mit leiblichen Augen geschaut werden (ep. 162, §. 8 (ix), sondern er sagt auch: Gott kann Geschehenes nicht unge-

schehen, Wahres nicht falsch machen (contra Faustum l. 26,
cap. 5); er ist nicht mächtiger, als er selbst (de genesi ad litt.
l. IX, cap. 17, §. 32 (xii) und kann nicht im Widerspruch mit
sich selbst handeln (contra Faustum l. 26, cap. 3 (xxxxi), eben
so wenig im Widerspruch mit der Natur im höchsten Sinne
des Wortes (ebendas. und de genesi ad litt. l. VI, §. 24 (xi).
Sogar durch das niedere Naturgesetz ist seine Allmacht gewissermassen beschränkt. Denn dieselbe greift zwar insofern
über dieses hinaus, als sie im Stande ist, an den Dingen etwas
Anderes geschehen zu lassen, „als worauf sie gleichsam posi-
tiv angelegt sind" (aliud, quam eorum quasi seminales rationes
habent); aber auch sie kann nichts an den Dingen geschehen
lassen, wovon sie nicht wenigstens die (passive) Möglichkeit
selbst in ihnen gesetzt hat. „Denn nicht vermöge einer willkürlichen Macht (temeraria potentia), sondern vermöge der
Kraft seiner Weisheit ist er allmächtig, und das lässt er an
Jeglichem zu seiner Zeit geschehen, wovon er zuvor die Möglichkeit in es hineingelegt hat" (de genesi ad litt. l. IX, cap. 17
(xii). Kurz, was er vermag, ist beschränkt nach Massgabe
seines Wesens und seines Willens, und allmächtig ist er nur
insofern, als er kann, was er will. Aber freilich, so weit sein
Wille reicht, so weit reicht auch seine Macht (de civ. Dei l.
XXI, cap. 5 und cap. 7).

c. Weil nun seine Allmacht durch seinen allweisen Willen
beschränkt ist, vermeidet er alles Ungeheuerliche und Ueber-
triebene in seinen Wundern und knüpft das Uebernatürliche
an das Natürliche an. Daher liess er Christum sich mensch-
lich entwickeln, anstatt ihn urplötzlich als einen fertigen Mann
in die Mitte der Menschheit zu stellen. Hätte er letzteres gethan, „so würde man nicht von ihm glauben, dass er irgendwie
einen wirklichen Menschen angenommen, und während er Alles
durch Wunder bewerkstelligte, würde er dann die That
seiner Barmherzigkeit aufheben (nec hominem verum susce-
pisse ullo modo crederetur et dum omnia mirabiliter facit,
auferret quod misericorditer fecit). So aber erschien dergestalt
der Mittler zwischen Gott und Menschen, dass er in der Einheit der Person verknüpfend beide Naturen sowohl das Gewöhnliche durch das Ausserordentliche (= das Natürliche durch das Uebernatürliche) adelte, als auch das

Ausserordentliche durch das Gewöhnliche vor Mass-
losigkeit bewahrte (et solita sublimaret insolitis et insolita
solitis temperaret, epist. 137, cap. 3, §. 9, vgl. auch §. 10). d. Wenn nun aber das Naturgesetz auch zu dem gehört,
was er wollte (denn Er hat es ja festgestellt): so muss gezeigt
werden, dass die Wunder, welche einen anderen als den im
Naturgesetz begründeten Erfolg zu Wege bringen, sich dennoch
innerhalb des vorherbestimmenden Willens Gottes mit
dem Naturgesetz vertragen. De civ. Dei l. XXI, cap.
8 vermissen wir nun freilich
diesen Nachweis, obwohl gerade dort nicht ohne Kühnheit be-
hauptet wird, Gott könne die Naturen verändern. Dagegen
finden wir Spuren desselben de genesi ad litt. l. IX, cap. 17,
§. 32 (xii), und noch deutlichere ebendas. l. VI, §. 24—29 (xi).
Der wesentliche Gedankeninhalt jener ersten Stelle ist schon
(S. 25) angegeben, Näheres erfahren wir aber aus der anderen
Stelle. Bei der simultanen Schöpfung — diess finden wir in
§. 24 und §. 25 angedeutet — wurde in die Creaturen die
Möglichkeit einer zwiefachen, verschiedenen Entwickelung hineingelegt, nämlich einmal die Möglichkeit des successiven natur-
gesetzlichen Verlaufes des Entstehens, dem zufolge z. B. der
Wein mittelbar entsteht durch Wurzel, Weinstock, Traube
u. s. f., gleichzeitig aber die (passive) Möglichkeit von Hervorbringungen, die mit Einem Schlage erfolgen sollten, so dass
z. B. der Herr, Wasser in Wein verwandelnd, nicht erst für
einen Weinstock, für Erde und für die anderen Vorbedingungen
einer mittelbaren Hervorbringung zu sorgen hatte, sondern auf
geradem, eben wunderbarem Wege (miro compendio) Wasser
in Wein umsetzte. Die den Geschöpfen ursprünglich mitge-
theilte Natur und Beschaffenheit (§. 26) lässt demnach dem
Schöpfer freien Spielraum für Productionen, die gar nicht posi-
tiv in ihnen angelegt sind, nicht einmal dem Keime nach, sondern nur so, dass ihre Möglichkeit nicht ausgeschlossen
ist. So hatte z. B. Gott während des Sechstagewerkes veran-
staltet, dass der Mensch aus einem Erdenkloss gebildet
werden musste; bis zu einem gewissen Grade hatte also der
zunächst potentiell erschaffene Mensch jedenfalls bereits eine
bestimmte Qualität; diese brachte es jedoch vielleicht nicht
unmittelbar und nothwendig mit sich, dass bei der hernach

stattfindenden wirklichen Hervorbringung des Menschen (welche
nicht mehr im engeren Sinne der Schöpfungsperiode angehörte,
sondern schon der Entwickelungsgeschichte, die bis auf die
Gegenwart reicht, s. oben S. 22) dieser sofort als reifer Mann
in's Dasein trat; vielmehr lag vielleicht (Aug. lässt es unentschieden) in ihr zugleich die Möglichkeit, dass auch schon der
erste Mensch, wie seine Nachkommen, zunächst als Kind in's
Dasein trat. War auch diese Möglichkeit vorhanden, trat
aber in der That der Mensch als reifer Mann in's Dasein,
so war dieses letztere — nothwendig, nicht wegen eines
während des Sechstagewerkes von Gott potentiell in sein Wesen
hineingelegten und desshalb Gott selbst bindenden Zuges, sondern lediglich, weil der Schöpfer es nun einmal beschlossen hatte,
in dessen Willen allein die Nothwendigkeit des Nothwendigen
ihren Grund hat (vgl. auch l. IX, §. 34 (xii). Kurz (VI, §. 27)
in der Natur der Geschöpfe liegt nur der (sinnlich freilich
nicht wahrnehmbare) Grund für ihre mögliche naturgesetz-
liche Entwickelung (z. B. dass ein junger Mann alt werden
kann), aber nicht für die Nothwendigkeit dieses Erfolges.
Nothwendig (§. 28) kann z. B., dass ein bestimmter junger
Mann alt wird, nur dadurch werden, dass Gott es will und
vorher weiss. Freilich liegt es in der Natur des Menschen,
dass er alt wird; es fragt sich aber, wie es mit den anderen
mitwirkenden Ursachen steht, die entweder in die Welt mit-
verwebt sind oder lediglich in Gott existiren. Es versteht sich
übrigens von selbst, dass auch der Grund der etwaigen Verlängerung eines nach Massgabe der anderen wirkenden Ursachen zum Untergang reifen Menschenlebens lediglich im
Willen Gottes liegt. Sieht man in dem Falle des Königs Hiskias (Jes. 38, 5) von den in Gott verborgenen Ursachen der
Verlängerung seines Lebens ab, achtet man lediglich auf die
in die Welt verwebten Ursachen, so kann man sagen: Hiskias
musste vor den fünfzehn Jahren, die ihm Gott zulegte, sterben.
Da aber jene Ursachen, die sich Gott reservirt hatte, auch
mitwirkten oder vielmehr entscheidend wirkten, so war es nothwendig, dass Hiskias erst nach diesen fünfzehn Jahren starb.

Gott legte also (§. 29) bei der ersten Schöpfung Ursachen
in die Creaturen hinein, die allerdings massgebend sind für
deren Entwickelung; aber ausser diesen wirken noch andere,

die er in seinem Willen vorbehielt. Letztere können ersteren nicht widersprechen, weil auch erstere auf seinem
Willen beruhen, aber sie hangen auch nicht von ihnen ab.
Die in die Welt hineingelegten Ursachen lassen noch Raum
übrig für nähere Bestimmungen, die allein vom Willen Gottes
abhangen. Sie sind so beschaffen, dass die (abstrakte) Möglichkeit dessen, was ihnen als Wirkung entsprechen würde,
gesichert ist, aber nicht dessen Nothwendigkeit. Diejenigen
Bestimmungsgründe dagegen, die allein im Willen Gottes liegen
und zwar verborgen, drücken Einem der mannigfachen Erfolge,
deren Möglichkeit die in die Welt verwebten Bestimmungsgründe in sich trugen, den Stempel der Nothwendigkeit auf;
und dadurch tritt ein solcher wirklich ein.

Auf diese Weise beseitigt also Aug. in der Sphäre des
göttlichen Wissens, Wollens und Wirkens die Antinomie, in
welcher die Wunder mit dem Naturgesetze stehen. Seine Argumentation zu Gunsten der ätiologischen Möglichkeit der
Wunder hat damit ihren Höhepunkt erreicht. Aber die Möglichkeit derselben bleibt so lange noch zweifelhaft, als nicht ausser
dem sie ermöglichenden Grunde auch ihr Zweck nachgewiesen
ist. Denn auch im finalen Sinne kann Gott nichts sine
ratione thun. —

B. Möglichkeit der göttlichen Wunder nach dem
Gesichtspunkte des Zweckes.

Ausdrücklich hebt Aug. hervor, dass der Zweck der Wunder
nicht etwa Bereicherung unserer Kenntniss der empirischen
Welt, nicht Befriedigung unserer Wissbegierde sei, sondern
vielmehr irgend ein Heil (confess. lib. X, cap. 35, §. 55 (1).
Heilsam wirkt nun Gott z. B. dadurch, dass er die Wunder
selbstsüchtiger dämonischer Thaumaturgen durch die grösseren,
zweiflosereu und glänzenderen Wunder seiner Engel überbietet
und dadurch den gefährlichen Eindruck, den jene auf Schwache
machen können, beseitigt (de civ. Dei l. X, cap. 16). Allein
diess ist doch nur ein einzelner Zug des teleologischen Charakters, den er den Wundern beilegt. Den wesentlichen Zweck,
den Gottes Wunder verfolgen, findet er dagegen darin: für
die wahre Beschaffenheit des göttlichen Wesens und Wirkens

und für die göttlichen Offenbarungsthaten Aufmerksamkeit
bei den an und für sich stumpfsinnigen Menschen zu erregen.
Um dieses nun einmal vorhandenen Stumpfsinnes der Menschen
willen musste einmal schon die objective Anbahnung und Be-
gründung des Heiles durch wunderbare Offenbarungsthatsachen
bewerkstelligt werden, sodann aber auch die subjective
Aneignung des objectiv Offenbarten oder die Weckung des
Heilsglaubens in denjenigen Individuen, welche nicht unmittelbare Werkzeuge der Offenbarung selbst waren. Als Gott das
Gesetz offenbaren wollte, musste er mit Donnern und Blitzen
herabfahren auf den Berg Sinai, welche wunderbarer Art waren,
weil sie darauf aufmerksam machen sollten, dass es sich um
eine göttliche Offenbarung handle (de trinit. l. III, cap. 5 und
cap. 10), und alle hervorragenden Werkzeuge der Offenbarung
mussten durch Wunder die Aufmerksamkeit und Theilnahme
der Leute zunächst auf sich, mittelbar aber auf Gott und seine
Wege hinlenken, namentlich auch Christus. Es wäre nämlich
ungereimt gewesen, wenn dieser dergleichen, als er mittelbar
durch Moses und die Propheten verrichtet hatte, unmittelbar
nicht gethan hätte. Ja er musste auch etwas besonderes
thun: von einer Jungfrau geboren werden, von den Todten
auferstehen und gen Himmel fahren, und dadurch seine göttliche Majestät erweisen (epist. 137, §. 13 f. (vii); in Joh.
evang. tractat. 91, §. 2—4). Wie nothwendig und somit zweck-
mässig es war, dass Gott durch Wunder den Blick der Ungläubigen oder noch Schwachen vermittelst sinnlicher Eindrücke
auf übersinnliche und übernatürliche Thatsachen hinlenkte,
spricht Aug. nicht selten aus (vgl. z. B. de vera relig. cap. 25
§. 47 (iii), cap. 50, §. 98 (iv); sermo 126, §. 4 (xxvii); de trinit.
l. III, cap. 6 (xxxviii). Es gibt Viele, sagt er epist. 120, cap. 1,
§. 5 (vi), die durch sichtbare, ihnen unerklärliche Werke Gottes
zum Glauben an das Unsichtbare angeregt werden müssen.
Sind sie erst vertraut mit der „Wahrheit", so wundern sie
sich nicht mehr. Dann bedürfen sie aber auch der Wunder
nicht mehr. „Weil die Menschen", heisst es in Joh. evang.
tractat. VIII, §. 1 (xiii), „auf Anderes gerichtet, die Betrachtung
der Werke Gottes aufgegeben haben, bei welcher sie alltäglich
dem Schöpfer die Ehre geben würden, so hat sich Gott gewisse .
ungewöhnliche Thaten gleichsam vorbehalten, um die gleichsam

schlafenden Menschen durch Wunderbares zu seiner Verehrung anzuregen". Und zwar zielen die Wunder bald mehr auf eine heilsame Erschütterung des vorhandenen Gemüthszustandes ("den Einen demüthigend, den Anderen aufrichtend", enarrat. in Psalm. 110, §. 4 und 5 (xxiii), bald auf Belehrung, bald auf Erregung des Willens ab. Die Wunder sind, heisst es de civit. Dei l. X, cap. 17, "für Gott etwas Kleines, aber gross als Mittel, den Sterblichen heilsamen Schrecken und heilsame Lehren einzuflössen" (Deo parva sunt, sed magna terrendis salubriter erudiendisque mortalibus). Christus "gab Blinden die Augen wieder (sermo 88, §. 1 (xxiv), welche doch in jedem Falle der Tod einmal wieder schliessen sollte. Er erweckte den Lazarus, der doch wieder sterben sollte. Und Alles, was er zum Heil der Leiber that, that er nicht zu dem Zweck, um ihnen ewige Dauer zu verleihen, wiewohl er doch auch gerade dem Leibe am Ende ewiges Heil verleihen will. Aber, weil man das, was man nicht sah, nicht glaubte: so erbaute er durch dieses Zeitliche, was man sah, den Glauben — zu dem hin (ad illa), was man nicht sah."

Also die Wunder sollen Glauben wecken; aber sie sollen auch den vorhandenen Glauben stärken. "Wir dürfen", heisst es in Joh. evang. tractat. 49 (xvii), "nicht vergessen, dass (zur Zeit der Erweckung des Lazarus) sogar der Glaube der Jünger selbst, welche schon gläubig an ihn geworden waren, noch durch Wunder erbaut wurde, nicht damit derselbe, noch nicht vorhanden, entstehen sollte, sondern damit er, schon begründet, wachsen sollte."

Insofern die Wunder auf dem Wege der sinnlichen Wahrnehmung die Einsicht in das Wesen Gottes (in Joh. evang. tractat. 24, §. 1 (xvi) und in die Oekonomie seines Reiches fördern sollen, kommt theils in Betracht, was sie unmittelbar, theils, was sie allegorisch lehren. In beiden Beziehungen aber ist ihr Lehrgehalt Ausfluss einer Autorität mit dem Charakter der Untrüglichkeit, weil Gott hinter ihnen steht. Was sie unmittelbar bekunden, ist theils die Machtfülle, theils die Güte und Menschenfreundlichkeit Gottes oder Christi (de ordine l. II, cap. 9, §. 27). Aber ausser dem, was sie unmittelbar offenbaren, deuten sie auch noch auf Anderes hin. "Sie haben, wenn sie verstanden werden, ihre Sprache" (habent, si intelli-

gantur, linguam suam: in Joh. evang. tractat. 24, §. 2). Eine
allegorische Bedeutung hat z. B. das Wunder der Speisung der
Fünftausend (ebendas.), die Geschichte des Propheten Jonas
(epist. 102, §. 35), die Verwandlung des Wassers in Wein (in
Joh. evang. tractat. 9, §. 1 (xiv): „wir müssen erforschen, was
das Alles soll, d. h. was es bedeutet"). „Unser Herr Christus
wollte, dass das, was er leiblich that, auch geistlich verstanden
würde. Denn er that nicht nur um der Wunder willen die
Wunder, sondern damit das, was er that, wunderbar sei für
die Schauenden, wahr für die Verstehenden" (sermo 98, §. 3).
Vgl. übrigens das oben S. 29 bemerkte.

Noch in einer anderen Beziehung sollen aber die Wunder
bald mittelbar, bald unmittelbar die Ehre Gottes und das
Heil der Genossen seines Reiches fördern. Nicht selten haben
sie nämlich die Bestimmung, die Schauenden zunächst für
den Wunderthäter selbst, welcher Werkzeug der Offenbarung
ist, einzunehmen und somit nur einen Mittelzweck, dessen
Erreichung jedoch immer zugleich die Erreichung des letzten,
eigentlichen Zweckes beschleunigt. Diess gilt sogar von einem
Theile der Wunder Christi, der freilich nicht nur Werkzeug,
sondern auch Gegenstand der Offenbarung war. „Die Wunder",
heisst es de utilit. credendi cap. 16, §. 34 (xxxvii), „zerfallen
in zwei Arten: nämlich einige erregen nur Bewunderung, einige
verschaffen aber auch grosse Gunst und Wohlwollen. Denn,
wenn Jemand einen Menschen fliegen sieht, so staunt er eben
nur, da dieser Vorgang, abgesehen von dem Schauspiel selbst,
dem Zuschauer gar keinen Nutzen bringt. Wenn aber ein
schwer und hoffnungslos Kranker auf geschehenes Geheiss
sofort gesund wird, so wird er sich nicht nur über seine Wieder-
herstellung wundern, sondern auch den, der ihn heilte, lieben.
Dergleichen geschah zu jener Zeit, wo Gott in einem, der
wahrhaft Mensch war, soweit es erforderlich war, den Menschen
erschien. Kranke wurden geheilt, Aussätzige gereinigt, Lahmen
das Gehen, Blinden das Gesicht, Tauben das Gehör wieder-
gegeben." —

Diess sind die Grundzüge der Argumentation, durch welche
Aug. die ätiologische und teleologische Möglichkeit der Wunder
zu erhärten weiss. Alles diess bezieht sich aber zunächst nur
auf die im Namen Gottes verrichteten Wunder, und es übrigt

daher die Frage, wie denn nun die dämonischen Wunder, welche doch auch bezeugt sind, nach Grund und Zweck begriffen werden können.

C. Möglichkeit der dämonischen Wunder.

Auch auf diese Frage bleibt uns Aug. die Antwort nicht schuldig. Was die Aetiologie der dämonischen Wunder betrifft, so bereitete diese ihm schon desshalb keine besondere Schwierigkeit, weil dieselben sämmtlich nur relative Wunder sind. Die Gründe ihrer Erklärung finden sie daher im Allgemeinen in denselben Thatsachen, aus denen auch die relativen Wunder der guten Engel begreiflich sind (s. oben S. 58). Es fragt sich nur, wie die Einheit und Harmonie des göttlichen Regiments bestehen kann, wenn zu widergöttlichen Zwecken widergöttliche Mächte Wunder verrichten können. Diese Harmonie stellt nun Aug. dadurch sicher, dass er auch die Wunderkraft der Dämonen als einen Ausfluss der göttlichen Macht hinstellt. Ohnehin ist dieselbe eine beschränkte (de trinit. l. III, cap. 7 (xxxviii), cap. 8, §. 13). So weit sie aber vorhanden ist, haben sie die Dämonen und der Teufel nicht minder, als die guten Engel, von oben, von Gott empfangen (de divers. quaest. octog. tribus quaest. 79, §. 5 (xxxii), de trinit. l. l.), und wenn man die Absichten erwägt, welche Gott hatte, indem er sie ihnen ertheilte, ergibt sich auch eine teleologische Begreiflichkeit der dämonischen Wunder. Sie erhielten nämlich die Wunderkraft entweder behufs Täuschung der Täuschenden (z. B. der ägyptischen Zauberer) oder behufs Ermahnung der Gläubigen (damit diese sich abgewöhnten, die Wundergabe für etwas sonderlich begehrenswerthes zu halten) oder, „um die Geduld der Gerechten (z. B. Hiobs) zu üben, zu bewähren und in's Licht zu stellen" (de trinit. l. III, cap. 7 (xxxviii). Auch Verbrechern, die zu Arbeiten in Bergwerken verurtheilt sind, „dient Wasser und Feuer und Erde, damit sie daraus machen, was sie wollen, aber nur, so weit es erlaubt wird." So werden auch die Dämonen von Gott controlirt und überwacht, und indem sie von ihrer Fertigkeit Gebrauch machen, thun sie, obwohl sie subjectiv aus bösem Willen, mit böser Absicht handeln, etwas objectiv Gutes, von Gott Gewolltes und nach Massgabe des göttlichen Reichsplanes Zweckmässiges (ebendas. cap. 8, §. 13 (xxxix). Ihre Wunder gereichen ihnen selbst oder ihren Anhängern unter den Menschen zum Nachtheil, oder ihren Gegnern, den Frommen, zum Vortheil. Denn „die Fertigkeit in der Begehung gewisser Sünden ist Strafe für andere, frühere Sünden (Röm. I, 26)" (de divers. quaest. octog. tribus quaest. 79, §. 1 (xxxii), und wenn sie ihre Macht dazu erhalten und verwenden, den Guten zeitlich zu schaden: so gereicht diess dennoch im Grunde den Guten zum Vortheil, weil diesen Gelegenheit gegeben wird, ihre Geduld zu üben und zu bewähren (ebendas. §. 5). —

Belegstellen.

(Geordnet nach der Reihenfolge der Tomi der Benedictiner Ausgabe.)

~~~~~~~~

Tom. I.

I.

Confessionum lib. X, cap. 35, §. 55:

Ex.. morbo cupiditatis in spectaculis exhibentur quaeque miracula. Hinc ad perscrutanda naturae (quae praeter nos est) operta proceditur, quae scire nihil prodest, et nihil aliud quam scire homines cupiunt. Hinc etiam, si quid eodem perversae scientiae fine per artes magicas quaeritur. Hinc etiam in ipsa religione deus tentatur, cum signa et prodigia flagitantur, non ad aliquam salutem, sed ad solam experientiam desiderata. —

II.

De ordine lib. I, cap. 1, §. 8:

Unde.. solet oboriri admiratio, aut quae hujus vitii mater est, nisi res insolita praeter manifestum caussarum ordinem? —

III.

De vera religione cap. XXV, §. 47:

Accepimus, majores nostros eo gradu fidei, quo a temporalibus ad aeterna conscenditur, visibilia miracula (non enim aliter poterant) secutos esse: per quos id actum est, ut necessaria non essent posteris. Cum enim ecclesia catholica per totum orbem diffusa atque fundata sit, nec miracula illa in nostra tempora durare permissa sunt, ne animus semper visibilia quaereret, et eorum consuetudine frigesceret genus humanum, quorum novitate flagravit: nec jam nobis dubium esse oportet iis esse credendum, qui cum ea praedicarent, quae pauci assequuntur, se tamen sequendos populis persuadere potuerunt. Nunc enim agitur, quibus credendum sit, antequam quisque sit idoneus ineundae rationi de divinis et invisibilibus rebus.

IV.

De vera religione, cap. L, §. 98:

Utamur gradibus, quos nobis divina providentia fabricare dignata est. Cum enim figmentis ludicris nimium delectati evanesceremus in cogitationibus nostris et totam vitam in quaedam vana somnia verteremus, rationali creatura serviente legibus suis, per sonos ac literas ignem, fumum, nubem, columnam, quasi quaedam verba visibilia, cum infantia nostra parabolis ac similitudinibus quodammodo ludere et interiores oculos nostros luto hujuscemodi curare non aspernata est ineffabilis misericordia Dei.

Tom. II.

V.

Sex quaestiones contra paganos expositae (=epist. 102 al. 49), §. 5:

Incredibilia sunt haec quibusdam, quia inexperta; cum omnis natura rerum tam sit plena miraculis, ut non quasi facili pervestigatione rationis, sed videndi consuetudine, mira non sint, atque ob hoc, nec consideratione, nec inquisitione digna videantur. Nam ego et mecum quicumque invisibilia Dei per ea, quae facta sunt, intelligere moliuntur, aut non minus aut amplius admiramur, in uno seminis tam parvulo grano omnia quae laudamus in arbore tamquam liciata latuisse, quam mundi hujus tam ingentem sinum, quae de corporibus humanis dum dilabuntur assumit, resurrectioni futurae tota et integra redditurum.

§. 32. ... Si nulla isti divina miracula volunt credere, alia disputatione refellendi sunt. Neque enim debent unum aliquid tamquam incredibile proponere et in quaestionem vocare, sed omnia quae vel talia, vel etiam mirabiliora narrantur. Et tamen si hoc, quod de Jona scriptum est, Apulejus Madaurensis, vel Apollonius Tyaneus fecisse diceretur, quorum multa mira nullo fideli auctore jac!itant, quamvis et daemones nonnulla faciant Angelis sanctis similia, non veritate, sed specie, non sapientiâ, sed plane fallaciâ: tamen si de istis, ut dixi, quos magos vel philosophos laudabiliter nominant, tale aliquid narraretur, non jam in buccis creparet risus, sed typhus. Ita rideant scripturas nostras quantum possunt etc.

VI.

Epist. 120 (ad Consentium), cap. I, §. 5.:

Sunt autem quaedam, quae cum audierimus, non eis accommodamus fidem, et ratione nobis reddita vera esse cognoscimus, quae credere non valemus. Et universa Dei miracula ideo ab infidelibus non creduntur quia eorum ratio non videtur. Et revera sunt, de quibus ratio reddi non potest, non tamen non est. Quid enim est in rerum natura, quod irrationabiliter fecerit

Deus? Sed quorundam mirabilium operum ejus, etiam expedit tantisper occultam esse rationem, ne apud animos fastidio languidos, ejusdem rationis cognitione vilescant. Sunt enim, et multi sunt, qui plus tenentur admiratione rerum quam cognitione caussarum, ubi miracula mira esse desistunt, et opus est eos ad invisibilium fidem visibilibus miraculis excitari, ut caritate purgati, eo perveniant, ubi familiaritate veritatis mirari desistant. Nam et in theatris homines funambulum mirantur, musicis delectantur: in illo stupet difficultas; in his retinet pascitque jocunditas!

VII.

Epist. 137 (ad Volusianum), §. 8 squ.:

Ipsa virtus (Kraft Gottes) per inviolatae matris virginea viscera membra infantis eduxit, quae postea per clausa ostia membra juvenis introduxit. Hic si ratio quaeritur, non erit mirabile: si exemplum poscitur, non erit singulare. Demus Deum aliquid posse, quod nos fateamur investigare non posse. In talibus rebus tota ratio facti est potentia facientis.

§. 10. Quid autem non mirum facit Deus in omnibus creaturae motibus, nisi consuetudine quotidiana viluissent? Denique quam multa usitata calcantur, quae considerata stupentur: sicut ipsa vis seminum, quos numeros habet, et quam vivaces, quam efficaces, quam latenter potentes, quam in parvo magna molientes, quis adeat animo, quis promat eloquio? Ille igitur sibi hominem sine semine operatus est, qui in rerum natura sine seminibus operatur et semina. Ille in suo corpore numeros temporum mensurasque servavit aetatum, qui sine ulla sui mutabilitate mutando contexit ordinem saeculorum. Hoc enim crevit in tempore, quod coepit ex tempore. Verbum autem in principio, per quod facta sunt tempora, tempus elegit quo susciperet carnem, non tempori cessit ut verteretur in carnem. Homo quippo Deo accessit, non Deus a se recessit.

§. 13. (Christus tbat Wunder) ne esset absurdum, quae per illos (Moses und die Propheten) fecerat, si ipse non faceret. Sed tamen et aliquid proprium facere debuit: nasci de virgine, a mortuis resurgere, in caelum ascendere. Hoc Deo qui parum putat, quid plus expectet ignoro.

§. 14. Arbitror enim talia flagitari (wenn man damit noch nicht zufrieden ist, darin seine Gottheit noch nicht hinlänglich verrathen findet) qualia gerens hominem, facere non debuit. Nam in principio erat Verbum et Verbum erat apud Deum, et Deus erat Verbum, et omnia per ipsum facta sunt. Num homine assumto, alium mundum facere debuit, ut eum esse crederemus, per quem factus est mundus? Sed nec major mundus, nec isti aequalis in hoc mundo fieri posset. Si autem minorem faceret infra istum, similiter hoc quoque parum putaretur. Quia ergo non oportebat ut novum faceret mundum, nova fecit in mundo. Homo enim de virgine procreatus, et a mortuis in aeternam vitam resuscitatus, et super caelos exaltatus, potentius fortasse opus est quam mundus. Hic forte respondent, se factum hoc esse non credere. Quid ergo fiat hominibus, qui minima contemnunt, majora non credunt? Reddita vita defunctis, ideo creditur, quia fecerunt alii, et parum est Deo: caro propria de virgine creata, et a morte in aeternam vitam super caelos levata, ideo non creditur, quia nemo fecit, et competit Deo. Ac per hoc quae sibi quisque facilia non factu sed captu putat, aequo animo accipit: supra ea veluti ficta pro falsis ducit. Noli eis esse similis, obsecro te.

§. 15. ...... Quem non moveat ad credendum tantus ab initio ipse rerum gestarum ordo, et ipsa connexio temporum, praeteritis fidem de praesentibus faciens, priora posterioribus et recentioribus antiqua confirmans? Eligitur unus ex gente Chaldaeorum etc.

VIII.

Epist. 143 (ad Marcellinum), §. 12:

De virginitate sanctae Mariae si hoc quod scripsi non persuadet fieri potuisse, neganda sunt omnia quae mirabiliter in corporibus acciderunt. Quodsi propterea non creditur, quia semel factum est, quaere ab amico quem hoc adhuc movet, utrum nihil inveniatur in litteris saecularibus, quod et semel factum sit et tamen creditum non fabulosa vanitate sed, sicut existimant, historica fide, quaere obsecro te. Si enim tale aliquid in illis litteris inveniri negaverit, admonendus est: si autem fassus fuerit, soluta quaestio est.

IX.

Epist. 162 (ad Evodium), §. 6—9:

(Es handelt sich um Visionen).

Haec ideo mira sunt, quia occultiorem habent rationem, quam ut videri vel reddi ab homine homini possit. Nam istae caussae sunt admirationis, cum vel ratio cujusque rei latet, vel eadem res usitata non est, quod aut singularis aut rara est. Ex illa ergo caussa latentis rationis ego dixi in epistola, quam te legisse commemoras, cum eis responderem, qui negant esse credendum, quod Christum virgo pepererit, virgo permanserit: „si ratio quaeritur, non erit mirabile". Hoc enim dictum est, non quod ratione res careat, sed quod eos lateat, quibus hoc Deus voluit esse mirabile. Ex alia vero admirationis caussa, quae ideo est, quia insolitum aliquid occurrit, scriptum est de domino, quod miratus sit Centurionis fidem: neque enim eum rei ullius ratio potuit latere, sed admiratio pro laude posita est ......

§. 7. Quod autem adjeci in eadem epistola „Si exemplum poscitur, non erit singulare"; frustra tibi visus es velut exempla invenisse de vermiculo qui in pomo nascitur, et aranea, quae filum textrinae suae corpore velut integro parit. Dicuntur enim aliqua argute cujusdam similitudinis gratia, alia remotius, alia congruentius: sed solus Christus natus est ex virgine. Unde jam intelligis, quantum existimo, cur hoc esse dixerim sine exemplo. Habent itaque omnia caussas suas atque rationes rectas et inculpabiles, quae Deus vel usitata vel inusitata operatur. Sed hae caussae atque rationes cum latent, miramur quae fiunt; cum autem patent, consequenter ea vel convenienter fieri dicimus; nec mirandum esse, quia facta sunt, quae ratio exigebat ut fierent. Aut si miramur, non inopinata stupendo, sed excellentia laudando miramur, quo genere admirationis Centurio ille laudatus est. Nec ideo reprehendenda est sententia qua dictum est „si ratio quaeritur, non erit mirabile" quoniam est aliud genus admirationis, etiam cum ratio manifesta est admiranti. Neque enim propterea culpatur sententia qua dictum est „Deus neminem tentat", quoniam est aliud genus tentationis, propter quod recte itidem dictum est „tentat vos Dominus Deus vester".

§. 8. Nec quisquam existimet ideo merito posse dici corporeis oculis a filio patrem videri, ac non potius sicut a patre filium, quia illi qui hoc putant, cum in reddenda ratione defecerint, possunt et ipsi dicere „si ratio quaeritur, non erit mirabile": hoc enim dictum est, non quia non est ratio, sed quia latet. Illius autem non miraculi, sed erroris, demonstrare debet nullam esse rationem, quisquis id opinantes refellere aggreditur. Sicut enim nulla ratio est, qua Dei natura moriatur, aut corrumpatur, aut peccet; e: cum hoc Deum non posse dicimus, non derogamus potestati ejus, sed aeternitatem veritatemque laudamus: ita cum dicimus non posse videri oculis corporeis, non latet, sed patet ratio bene intelligentibus, qua perspicuum est, Deum corpus non esse, nec aliquid corporeis oculis cerni posse, nisi quod alicujus intervalli interpositione cernatur: id autem nonnisi corpus esse, eamque substantiam quae minor sit in parte quam in toto; quod de Deo credere nefas esse debet, etiam eis qui hoc intelligere nondum valent.

§. 9. Latet ratio diversarum commutationum: et hinc est omnium visibilium silva miraculorum.

X.

Epist. 199 (ad Hesychium de fine saeculi), §. 34:

Quando nos vidimus solem sic obscuratum, quemadmodum obscuratus est, cum lumen mundi penderet in ligno? nisi forte defectus nolis et lunae, quos consueverunt computatores siderum annotare atque praedicere, inter caelestia prodigia numerabimus, quia lunam saepius in sua plenitudine, solem vero rarius, sed tamen vidimus in fine lunae secundum eorum computum defecisse. Non erat talis solis ille defectus, quando crucifixus est Christus, et ideo vere mirabilis erat et prodigiosus.

Tom. III.

XI.

De genesi ad litteram lib. VI, §. 24—29:

§. 24. Quis .. nescit aquam concretam terrae, cum ad radices vitis venerit, duci in saginam ligni illius, atque in eo sumere qualitatem, qua in uvam procedat paulatim erumpentem, atque in ea grandescente vinum fiat, maturumque dulcescat, quod adhuc fervescat expressum, et quadam vetustate firmatum ad usum bibendi utilius jucundiusque perveniat? Num ideo Dominus lignum quaesivit aut terram, aut has temporum moras, cum aquam miro compendio convertit in vinum, et tale vinum quod ebrius etiam conviva laudaret? Numquid adjutorio temporis eguit conditor temporis? Nonne certis dierum numeris suo cuique generi accommodatis, omnis natura serpentium coalescit, formatur, nascitur, roboratur? Num exspectati sunt hi dies, ut in draconem

virga converteretur de manu Moysi et Aaron? Nec ista cum fiunt, contra
naturam fiunt, nisi nobis quibus aliter naturae cursus innotuit; non autem
Deo, cui hoc est natura, quod fecerit.

§. 25. Quaeri autem merito potest, caussales illae rationes,
quas mundo indidit, cum primum simul omnia creavit, quomodo sint insti-
tutae: utrum ut, quemadmodum videmus cuncta nascentia vel fruticum vel
animalium in suis conformationibus atque incrementis, sua pro diversitate ge-
nerum diversa spatia peragerent temporum? An ut, quemadmodum creditur
factus Adam sine ullo progressu incrementorum virili aetate, continuo confor-
marentur? Sed cur uon utrumque illascredimus habuisse, ut hoc ex
eis futurum esset, quod factori placuisset? Si enim illo modo dixerimus,
incipiet contra ipsas factum videri, non solum etiam illud de aqua vinum, sed
et omnia miracula quae contra naturae usitatum cursum fiunt.
Si autem isto modo, multo erit absurdius, ipsas istas quotidianas naturae
formas et species contra illas primarias omnium nascentium caussales rationes
suorum·temporum peragere spatia. Restat ergo ut ad utrumque modum
habiles creatae sint, sive ad istum quo usitatissime temporalia transcurrunt,
sive ad illum quo rara et mirabilia fiunt, sicut Deo facere placuerit quod tempori congruat.

§. 26. Verumtamen sic factus est homo, quemadmodum illae primae caussae habebant ut fieret primus homo, quem non ex parentibus nasci, qui nulli
praecesserant, sed de limo formari oportebat, secundum caussalem rationem,
in qua primitus factus erat. Nam si aliter factus est, non eum Deus in illo-
rum sex dierum operibus fecerat; in quibus cum dicitur factus, ipsam caussam utique fecerat Deus, qua erat suo tempore homo futurus et secundum
quam fuerat ab illo faciendus, qui simul et consummaverat inchoata
propter perfectionem caussalium rationum, et inchoaverat consummanda propter
ordinem temporum. Si ergo in illis primis rerum caussis, quas mundo primitus creator inseruit, non tantum posuit quod de limo formaturus erat hominem, sed etiam quemadmodum formaturus, utrum sicut in matris utero,
an in forma juvenili; procul dubio sic fecit, ut illic praefixerat: neque enim
contra dispositionem suam faceret. Si autem vim tantum ibi posuit possi-
bilitatis, ut homo fieret quoquo modo fieret, ut et sic et sic posset, id
est ut id quoque ibi esset, quia et sic et sic posset; unum autem ipsum modum quo erat facturus in sua voluntate servavit, non mundi constitutioni
contexuit; manifestum est etiam sic non factum esse hominem contra quam
erat in illa prima conditione caussarum: quia ibi erat etiam sic fieri posse,
quamvis non ibi erat ita fieri necesse esse: hoc enim non erat in conditione
creaturae, sed in placito creatoris, cujus voluntas rerum necessitas est.

§. 27. Nam et nos pro captu infirmitatis humanae jam in ipsis rebus
tempore exortis possumus nosse quid in cujusque natura sit, quod experimento
perceperimus; sed utrum etiam futurum sit ignoramus. Est quippe in natura
hujus, verbi gratia, juvenis ut senescat, sed utrum hoc etiam sit in Dei voluntate, nescimus. Sed nec in natura esset, nisi in Dei voluntate prius fuisset,
qui condidit omnia. Et utique occulta ratio est senectutis in corpore juvenili,
vel juventutis in corpore puerili: neque enim oculis cernitur, sicut ipsa in puero
pueritia sicut juventus in juvene; sed alia quadam notitia colligitur inesse in
natura quiddam latens, quo educantur in promtu numeri occulti, vel juventutis

a pueritia, vel senectutis a juventute. Occulta est ergo ista ratio qua fit ut hoc esse possit, sed oculis, menti autem non est occulta: utrum autem hoc etiam necesse sit, omnino nescimus. Et illam quidem qua fit ut esse possit, esse in natura ipsius corporis novimus: illam vero qua fit ut necesse sit, manifestum est illic non esse.

§. 28. Sed fortassis in mundo est, ut necesse sit istum hominem senescere. Si autem nec in mundo est, in Deo est. Hoc enim necessario futurum est quod ille vult, et ea vere futura sunt quae ille praescivit. Nam multa secundum inferiores caussas futura sunt, sed si ita sunt et in praescientia Dei, vere futura sunt: si autem ibi aliter sunt, ita potius futura sunt, sicut ibi sunt, ubi qui praescit falli non potest. Nam futura dicitur senectus in juvene, sed tamen futura non est, si ante moriturus est: hoc autem ita erit, sicut se habent aliae caussae, sive mundo contextae, sive in Dei praescientia reservatae. Nam secundum quasdam futurorum caussas moriturus erat Ezechias, cui Deus addidit quindecim annos ad vitam, id utique faciens, quod ante constitutionem mundi se facturum esse praesciebat, et in sua voluntate servabat. Non ergo id fecit quod futurum non erat: hoc enim magis erat futurum, quod se facturum esse praesciebat. Nec tamen illi anni additi recte dicerentur, nisi aliquid adderetur, quod se aliter in aliis caussis habuerat. Secundum aliquas igitur caussas inferiores jam vitam finierat: secundum illas autem quae sunt in voluntate et praescientia Dei,. qui ex aeternitate noverat quid illo tempore facturus erat (et hoc vere futurum erat), tunc erat finiturus vitam quando finivit vitam. Quia etsi oranti concessum est, etiam sic cum oraturum ut tali orationi concedi oporteret ille utique praesciebat, cujus praescientia falli non poterat: et ideo quod praesciebat, necessario futurum erat.

§. 29. Quapropter si omnium futororum caussae mundo sunt insitae, cum ille factus est dies, quando Deus creavit omnia simul; non aliter Adam factus est, cum de limo formatus est, sicut est credibilius jam perfectae virilitatis, quam erat in illis caussis, ubi Deus hominem in sex dierum operibus fecit. Ibi enim erat non solum ut ita fieri posset, verum etiam ut ita eum fieri necesse esset. Tam enim non fecit Deus contra caussam, quam sine dubio volens praestituit, quam contra voluntatem suam non facit. Si autem non omnes caussas in creatura primitus condita praefixit, sed aliquas in sua voluntate servavit; non sunt quidem illae, quas in sua voluntate servavit, ex istarum quas creavit necessitate pendentes; non tamen possunt esse contrariae quas in sua voluntate servavit, illis quas sua voluntate instituit: quia Dei voluntas non potest sibi esse contraria. Istas ergo sic condidit, ut ex illis esse illud cujus caussae sunt possit, sed non necesse sit: illas autem sic abscondit ut ex eis esse necesse sit hoc, quod ex istis fecit ut esse possit. —

XII.

De genesi ad litteram, lib. IX, §. 32—35:

§. 32. Omnis iste naturae usitatissimus cursus habet quasdam naturales leges suas, secundum quas et spiritus vitae, qui creatura est, habet quosdam appetitus suos determinatos quodammodo, quos etiam mala voluntas non possit excedere. Et elementa mundi hujus corporei habent definitam vim qualitatemque suam, quid unumquodque valeat vel non valeat, quid de quo fieri possit vel non possit. Ex his velut primordiis rerum, omnia quae gignuntur, suo quoque tempore exortus processusque sumunt, finesque et decessiones sui cujusque generis. Unde fit ut de grano .tritici non nascatur faba, vel de faba triticum, vel de pecore homo, vel de homine pecus. Super hunc autem motum cursumque rerum naturalem, potestas Creatoris habet apud se posse de his omnibus facere aliud, quam eorum quasi seminales rationes habent, non tamen id, quod non in eis posuit ut de his fieri vel ab ipso possit. Neque enim potentiâ temerariâ, sed sapientiae virtute omnipotens est: et hoc de unaquaque re in tempore suo facit, quod ante in ea fecit ut possit. Alius ergo est rerum modus, quo illa herba sic germinat, illa sic; illa aetas parit, illa non parit; homo loqui potest, pecus non potest. Horum et talium modorum rationes, non tantum in Deo sunt, sed ab illo etiam rebus creatis inditae atque concreatae. Ut autem lignum de terra excisum, aridum, perpolitum, sine radice ulla, sine terra et aqua repente floreat, et fructum gignat, ut per juventam sterilis femina in senecta pariat, ut asina loquatur, et si quid ejusmodi est, dedit quidem naturis, quas creavit, ut ex eis et haec fieri possent (neque enim ex eis vel ille faceret, quod ex eis fieri non posse ipse praefigeret, quoniam se ipso non est nec ipse potentior); verumtamen alio modo dedit, ut non haec haberent in motu naturali, sed in eo quo ita creata essent, ut eorum natura voluntati potentiori amplius subjaceret.

§. 33. Habet ergo Deus in seipso absconditas quorumdam factorum caussas, quas rebus conditis non inseruit, easque implet non illo opere providentiae, quo naturas substituit ut sint, sed illo quo eas administrat ut voluerit, quas ut voluit condidit. Ibi est et gratia, per quam salvi fiunt peccatores. Nam quod adtinet ad naturam iniqua sua voluntate depravatam, recursum per semet ipsam non habet, sed per dei gratiam, qua adjuvatur, et instauratur. Neque enim desperandi sunt homines in illa sententia, in qua scriptum est, Omnes qui ambulant in ea, non revertentur (prov. 2, 19). Dictum est enim secundum pondus iniquitatis suae, ut quod revertitur, qui revertitur, non sibi tribuat, sed gratiae Dei, non ex operibus, ne forte extollatur (Eph. 2, 9).

§. 34. Propterea mysterium gratiae hujus Apostolus (Eph. 3, 9) absconditum dixit, non in mundo, in quo sunt abscreditae caussales rationes omnium rerum naturaliter oriturarum, sicut absconditus erat Levi (Hebr. 7, 10) in lumbis Abrahae, quando et ipse decimatus est; sed in Deo, qui universa creavit. Quamobrem omnia etiam quae ad hanc gratiam significandam, non naturali motu rerum, sed mirabiliter facta sunt, eorum etiam absconditae caussae in Deo fuerant: quorum etiam si unum erat, quod ita mulier facta est de latere viri, et hoc dormientis, quae per ipsum firma facta est, tamquam ejus osse firmata, ille autem propter ipsam infirmus, quia in locum costae non costa sed caro suppleta est; non habuit hoc prima rerum conditio, quando sexto die dictum est, masculum et feminam fecit eos, ut femina omnino sic fieret: sed tantum hoc habuit, quia et sic fieri posset, ne contra caussas, quas voluntate instituit, mutabili voluntate aliquid fieret. Quid autem fieret, ut omnino aliud futurum non esset, absconditum erat in Deo, qui universa creavit.

§. 35. Sed quoniam sic dixit absconditum (Eph. 3, 9), ut innotesceret principibus et potestatibus in caelestibus per Ecclesiam multiformis sapientia Dei, probabiliter creditur, sicut illud semen, cui promissum est, dispositum est per angelos in manu mediatoris, sic omnia, quae ad ipsius seminis adventum vel praenuntiandum vel annuntiandum in rerum natura, praeter usitatum naturae cursum mirabiliter facta sunt, ministrantibus angelis esse facta: ut tamen ubique creator vel reparator creaturarum non sit, nisi qui plantatore et rigatore quolibet solus incrementum dat Deus.

XIII.

In Johannis Evang. (cap. 2) tractat. VIII., §. 1 und 3:

§. 1. Miraculum quidem Domini nostri Jesu Christi, quo de aqua vinum fecit, non est mirum eis qui noverunt quia Deus fecit. Ipse enim fecit vinum illo die in nuptiis in sex illis hydriis, quas impleri aquâ praecepit, qui omni anno facit hoc in vitibus. Sicut enim quod miserunt ministri in hydrias, in vinum conversum est opere Domini: sic et quod nubes fundunt, in vinum convertitur ejusdem opere Domini. Illud autem non miramur, quia omni anno fit: assiduitate amisit admirationem, nam et considerationem maiorem invenit, quam id quod factum est in hydriis aquae. Quis est enim qui considerat opera Dei, quibus regitur et administratur totus hic mundus, et non obstupescit obruiturque miraculis? Si consideret vim unius grani, cujuslibet seminis, magna quaedam res est, horror est consideranti. Sed quia homines in aliud intenti perdiderunt considerationem operum Dei, in qua darent laudem quotidie Creatori: tamquam servavit sibi Deus inusitata quaedam quae faceret, ut tamquam dormientes homines ad se colendum mirabilibus excitaret. Mortuus resurrexit, mirati sunt homines: tot quotidie nascuntur, et nemo miratur. Si consideremus prudentius, majoris miraculi est esse qui non erat, quam reviviscere qui erat. Idem tamen Deus Pater Domini nostri Jesu Christi per Verbum suum facit omnia haec, et regit qui creavit. Priora miracula fecit per Verbum suum Deum apud se: posteriora miracula fecit per ipsum Verbum suum incarnatum et propter nos hominem factum Sicut miramur quae facta sunt per hominem Jesum, miremur quae facta sunt per Deum Jesum. Per Deum Jesum facta sunt caelum et terra, mare, et omnis ornatus caeli, opulentia terrae, fecunditas maris, omnia haec quae oculis adjacent, per Jesum Deum facta sunt......   .   *

§. 3. Cum ergo tanta videamus facta per Deum Jesum, quid miramur aquam in vinum conversam per hominem Jesum. Neque enim sic factus est homo, ut perderet quod Deus erat: accessit illi homo, non amissus est Deus. Ipse ergo fecit hoc, qui illa omnia. Non itaque miremur quia Deus fecit: sed amemus quia inter nos fecit, et propter nostram reparationem fecit.

XIV.

In Joh. Evangel. tractat. IX. §. 1.

...Non itaque opus est jam immorari diutius in commendando Dei miraculo (Hochzeit zu Cana). Ipse est enim Deus, qui per universam creaturam quotidiana miracula facit, quae hominibus non facilitate, sed assiduitate vilu-

erunt: rara autem quae facta sunt ab eodem Domino, id est, a Verbo propter
nos incarnato, majorem stuporem hominibus adtulerunt: non quia majora
erant, quam sunt ea quae quotidie in creatura facit, sed quia ista quae quotidie fiunt, tamquam naturali cursu peraguntur; illa vero efficacia potentiae
tamquam praesentis exhibita videntur oculis hominum. Diximus, sicut memi-
nistis, resurrexit unus mortuus, obstupuerunt homines: cum quotidie nasci
qui non erant, nemo miretur. Sic aquam in vinum conversam quis non miretur, cum hoc annis omnibus Deus in vitibus faciat? Sed quia omnia quae
fecit Dominus Jesus, non solum valent ad excitanda corda nostra miraculis, sed etiam ad aedificanda in doctrina fidei: scrutari nos oportet,
quid sibi velint illa omnia, id est, quid significent.

XV.

In Joh. evang. tractat. XIII, §. 17:
Nemo ergo vobis fabulas vendat. Et Pontius fecit miraculum; et Do-
natus oravit, et respondit ei Deus de coelo. Primo, aut falluntur aut fallunt.
Postremo fac illum montes transferre. Caritatem autem, inquit, non habeam,
nihil sum. Videamus utrum habuerit caritatem. Crederem, si non divisisset
unitatem. Nam et contra istos, ut sic loquar, mirabiliarios cautum me fecit
Deus meus, dicens: in novissimis temporib. etc. Marc. 13, 22.... Ergo cautos
nos fecit sponsus, quia et miraculis decipi non debemus.

XVI.

In Joh. evang. tractat. XXIV, §. 1 u. 2:
§. 1. Miracula quae fecit Dominus noster Jesus Christus, sunt quidem
divina opera, et ad intelligendum Deum de visibilibus admonent humanam
mentem. Quia enim ille non est talis substantia quae videri oculis possit,
et miracula ejus quibus totum mundum regit universamque creaturam administrat, assiduitate viluerunt, ita ut pene nemo dignetur attendere opera Dei,
mira et stupenda in quolibet seminis grauo: secundum ipsam suam misericor-
diam servavit sibi quaedam, quae faceret opportuno tempore praeter usitatum
cursum ordinemque naturae, ut non majora, sed insolita videndo stuperent,
quibus quotidiana viluerant. Majus enim miraculum est gubernatio totius
mundi, quam saturatio quinque millium hominum de quinque panibus: et tamen
haec nemo miratur: illud mirantur homines non quia majus est, sed quia rarum
est... Potestas enim erat in manibus Christi; panes autem illi quinque, quasi
semina erant, non quidem terrae mandata, sed ab eo qui terram fecit multi-
plicata. Hoc ergo admotum est sensibus, quo erigeretur mens, et exhibitum
oculis ubi exerceretur intellectus, ut invisibilem Deum per visibilia opera mi-
raremur......
§. 2. Nec tamen sufficit haec intueri in miraculis Christi. Interrogemus
ipsa miracula, quid nobis loquantur de Christo: habent enim si intelligantur
linguam suam.

XVII.

In Joh. evang. tractat. XLIX, §. 11:

... Meminisse debemus, quod adhuc etiam ipsorum discipulorum, qui in eum jam crediderant, miraculis aedificabatur fides: non ut ea quae non erat esse inciperet, sed ut ea quae jam esse coeperat, cresceret; quamvis tali verbo usus sit, quasi tunc credere inciperent.

XVIII.

Quaestiones in Heptateuchum, lib. II, quaestio 21 (zu Exod. 7, 12):

... Quid ergo dicendum est de virgis magorum, utrum et ipsae veri dracones factae fuerant, sed ea ratione virgae appellatae sunt, qua et virga Aaron: an potius videbantur esse quod non erant, ludificatione venefica? Cur ergo ex utraque parte et virgae dicuntur et dracones, ut de figmentis illis nihil differat loquendi modus? Sed demonstrare difficile est, quomodo etiam si veri dracones facti sunt ex virgis magorum, non fuerint tamen creatores draconum, nec magi, nec angeli mali quibus ministris illa operabantur. Insunt enim corporeis rebus per omnia elementa mundi quaedam occultae seminariae rationes, quibus cum data fuerit opportunitas temporalis atque causalis, prorumpunt in species debitas suis modis et finibus. Et sic non dicuntur angeli, qui ista faciunt, animalium creatores, sicut nec agricolae segetum vel arborum vel quorumque in terra gignentium creatores dicendi sunt, quamvis noverint praebere quasdam visibiles opportunitates et causas, ut illa nascantur. Quod autem isti faciunt visibiliter, hoc angeli invisibiliter; Deus vero solus verus creator est, qui causas ipsas et rationes seminarias rebus inseruit.

XIX.

Quaest. in Heptateuchum lib. IV, quaest. 50 (Num. 22, 28. 29):

Nimirum iste tanta cupiditate ferebatur, ut nec tanti monstri miraculo terreretur, et responderet quasi ad hominem loquens, cum Deus utique non asinae animam in naturam rationalem vertisset, sed quod illi placuerat, ex illa sonare fecisset, ad illius vesaniam cohibendam: illud fortasse praefigurans, quia stulta mundi (1. Cor. 1, 27) electurus erat Deus, ut confunderet sapientes, pro illo spiritali et vero Israel, hoc est promissionis filiis.

XX.

De sermone Dom. in monte sec. Matth. lib. II, cap. 25, §. 84:

Man soll sich nicht täuschen lassen durch den blossen Namen Christi im Munde derer, qui nomen habent et facta non habent, ebensowenig quibusdam factis atque miraculis: qualia propter infideles cum fecerit Dominus, monuit tamen ne talibus decipiamur, arbitrantes ibi esse invisibilem sapientiam, ubi miraculum visibile viderimus, Adjungit ergo et dicit: „multi" etc. (Mth. 7, 22) ...

§. 85: Sed fortasse quis dicat, non posse iniquos visibilia illa miracula facere, et mentiri potius illos credat, qui dicturi sunt „in nomine tuo prophetavimus" etc...... Legat ergo quanta fecerint resistentes famulo Dei Moysi magi Aegyptiorum: aut si hoc non vult legere, quia non in nomine Christi fecerunt, legat quae ipse dominus dicit de pseudoprophetis, ita loquens: „tunc si quis" (Mth. 24, 23 fglde.)....

Tom. IV.

XXI.

In Psalm. XC enarratio, sermo I, §. 1:
... Quotquot ... miracula facta sunt, sive a praecedentibus, sive a consequentibus, idem ipse Dominus (Christus) fecit, qui fecit et praesentiâ suâ.

XXII.

In Psalm. XC enarratio, sermo II, §. 6:
... Esurivit (Christus): et jam tentator: „dic lapidibus istis ut panes fiant, si filius Dei es" (Mth. 4, 3). Quid magnum erat Domino Jesu Christo de lapidibus panem facere, qui de quinque panibus tot millia saturavit? De nihilo fecit panem. Tanta enim multitudo escae, quae saturaret tot millia, unde processit? Fontes panis erant in manibus Domini. Non est mirum. Nam ipse fecit de quinque panibus multum panis unde saturaret tot millia, qui facit quotidie in terra de paucis granis messes ingentes. Ipsa enim sunt miracula Domini, sed assiduitate viluerunt. Quid ergo, fratres, impossibile erat Domino de lapidibus panes facere? Homines fecit de lapidibus, dicente ipso Johanne Baptista (Mth. 3, 9).

XXIII.

In Psalm. CX enarratio, §. 4 und 5:
§. 4. Memoriam fecit mirabilium suorum: hunc humilians, et hunc exaltans. Memoriam fecit mirabilium suorum: reservans opportune inusitata prodigia, quae (non?) infirmitas hominis novitati intenta meminerit, cum sint ejus miracula quotidiana majora. Tot per universam terram arbores creat, et nemo miratur: arefecit verbo unam, et stupefacta sunt corda mortalium, sed „memoriam fecit mirabilium suorum". Hoc enim miraculum maxime attentis cordibus inhaerebit, quod assiduitas non vilefecerit.
§. 5. Quid autem profuerunt miracula, nisi ut timeretur? Quid porro prodesset timor, nisi „misericors et miserator Dominus escam daret timentibus se"? (Joh. 6, 41?)

Tom. V.

XXIV.

Sermo LXXXVIII (zu Matth. 20) §. 1 flgde:
§. 1: .... Oculos reddidit caecis, quos erat utique mors aliquando clausura: resuscitavit Lazarum, iterum moriturum. Et quaecunque ad salutem cor-

porum fecit, non ad hoc fecit, ut sempiterna essent: eum tamen daturus sit etiam ipsi corpori in fine sempiternam salutem. Sed quia illa quae non videbantur, non credebantur, per ista temporala quae videbantur aedificabat fidem ad illa quae non videbantur. §. 3... Et nunc (Christus) majores sanitates operatur, propter quas non est dedignatus tunc exhibere illas minores. Sicut enim animus melior est corpore, sic et melior salus animi, quam salus corporis. Modo caro caeca non aperit oculos miraculo Domini, et cor caecum aperit oculos sermoni Domini.

XXV.

Sermo XC (zu Matth. 22), §. 5:

Postremo: miracula fiunt? non solum boni faciunt et mali, sed aliquando non faciunt boni. Ecce in vetere populo magi Pharaonis miracula faciebant, Israelitae non faciebant. In Israelitis solus Moyses et Aaron faciebant, ceteri non faciebant, sed videbant, timebant, credebant. Numquid meliores magi Pharaonis miracula facientes, quam populus Israel, qui miracula facere non valebat, et ad Deum tamen populus pertinebat? In ipsa ecclesia apostolum audi: „numquid omnes prophetae? numquid omnes dona habent curationum? numquid omnes linguis loquuntur?"

XXVI.

Sermo XCVIII. (de verbis Ev. Lucae 7), §. 3:

... Dominus noster Jesus Christus ea quae faciebat corporaliter, etiam spiritaliter volebat intelligi. Neque enim tantum miracula propter miracula faciebat, sed ut illa quae faciebat, mira essent videntibus, vera essent intelligentibus.

XXVII.

Sermo CXXVI (de verb. ev. Joh. c. 5), §. 4:

... Quotidiana miracula Dei non facilitate, sed assiduitate viluerant. Quid enim difficilius congnitione, quam ut nascatur homo, moriendo discedat in secreta qui erat, nascendo procedat in publica qui non erat? Quid tam mirabile, quid tam difficile cognitu? Deo autem facile factu. Mirare ista, expergiscere! Insolita nostimirari, majora sunt quam quae videre consuevisti? Mirati sunt homines Dominum Deum nostrum Jesum Christum de quinque panibus saginasse tot millia; et non mirantur per pauca grana impleri segetibus terras. Quae aqua erat vinum factum, viderunt homines, et obstupuerunt: quid aliud fit de pluvia per radicem vitis? Ipse illa fecit, ipse ista: illa ut pascaris, ista ut mireris. Sed utraque miranda sunt, quia opera Dei sunt. Videt homo insolita et miratur, unde est ipse homo qui miratur? ubi erat? unde processit? unde forma corporis? unde membrorum distinctio? unde habitus iste speciosus? de quibus primordiis? de quam contemtibilibus? Et miratur alia, cum sit ipse mirator magnum miraculum. Unde ergo ista quae vides, nisi ex illo quem non vides? Sed, ut dicere coeperam, quia tibi ista viluerant, venit ipse ad facienda insolita, ut et in ipsis solitis agnosceres artificem tuum. Venit ille cui dictum est: „Innova signa". (Eccl. 36. 6. Psal. 16. 7). Cui dictum est, „Mirifica misericordias tuas". Largiebatur enim eas;

largiebatur, et nemo mirabatur. Venit ergo parvus ad parvos, venit medicus ad aegrotos, qui poterat venire cum vellet, redire cum vellet, facere quidquid vellet, judicare ut vellet etc.

XXVIII.

Sermo CXXX (de verbis evang. Joh. 6), §. 1:
Miraculum grande factum est, dilectissimi, ut de quinque panibus et duobus piscibus saturarentur quinque hominum millia, et residua fragmentorum implerent duodecim cophinos. Grande miraculum: sed non multum mirabimur factum, si adtendamus facientem. Ille multiplicavit in manibus·frangentium quinque panes, qui in terra germinantia multiplicat semina, ut grana pauca mittantur et horrea repleantur. Sed quia illud omni anno facit, nemo miratur. Admirationem tollit, non facti vilitas, sed assiduitas.

XXIX.

Sermo CCXLVII (in diebus Paschalibus XVIII, zu Joh. 20), §. 2 fgde.:
§. 2. Videamus ... quid nobis ad loquendum hodierna lectione proponitur. Ipsa quippe lectio admonet nos, et quodam modo loquitur nobis, ut aliquid dicamus, quemadmodum Dominus qui in ea soliditate corporis resurrexit, ut non solum videretur a discipulis, sed etiam tangeretur, potuerit illis apparere ostiis clausis. Nonnulli enim de hac re ita moventur, ut pene periclitentur, afferentes contra miracula divina praejudicia ratiocinationum suarum. Sic enim disputant: Si corpus erat, si caro et ossa erant, si hoc surrexit de sepulcro, quod pependit in ligno: quomodo per clausa ostia intrare potuit? Si non potuit, dicunt, non est factum. Si potuit, quomodo potuit? Si comprehendis modum, non est miraculum: et si miraculum tibi non videtur, propinquas ut neges quia et de sepulcro resurrexit. Respice ab initio miracula Domini tui, et redde mihi de singulis rationem. Vir non accessit, et virgo concepit. Redde rationem, quomodo sine masculo virgo conceperit. Ubi defecerit ratio, ibi est fidei aedificatio. Ecce habes unum in Domini conceptu miraculum: audi etiam in partu. Virgo peperit, et virgo permansit. Jam tunc Dominus antequam resurgeret, per clausa ostia natus est. Quaeris a me et dicis: Si per clausa ostia intravit, ubi est corporis modus? Et ego respondeo: Si super mare ambulavit, ubi est corporis pondus? Sed fecit illud Dominus tamquam Dominus. Numquid ergo cum resurrexit, destitit esse Dominus? Quid quod et Petrum fecit ambulare super mare? Quod in illo divinitas potuit, in isto fides implevit. Sed Christus, quia potuit; Petrus, quia Christus adjuvit. Si ergo coeperis humano sensu miraculorum discutere rationem, timeo ne perdas fidem. Nescis nihil esse impossibile Deo? Quicumque ergo tibi dixerit, Si intravit per ostia clausa, non erat corpus: responde tu illi a contrario, Immo si tactus est, corpus erat; si manducavit, corpus erat: et fecit illud miraculo, non naturâ. Nonne admirandus est quotidianus cursus ipse naturae? Omnia miraculis plena sunt; sed assiduitate viluerunt. Redde mihi rationem: aliquid interrogo de consuetis et solitis: redde rationem quare tam magnae arboris fici semen tam modicum est, ut videri vix possit, et humilis cucurbita tam grande semen

parit. In illo tamen grano seminis exiguo, vix visibili, si consideres animo, non oculis, in illa exiguitate, illis angustiis, et radix latet, et robus insertum est, et folia futura alligata (al. occulta) sunt, et fructus qui apparebit in arbore, jam est praemissus (al. promissus) in semine. Non opus est multa percurrere: de quotidianis rebus nemo reddit rationem, et exigis a me de miraculis rationem. Evangelium ergo lege, et crede facta, quae mira sunt. Plus est quod fecit Deus, et non miraris, quod excedit omnia opera; nihil erat, et mundus est.

§. 3. Sed non potuit, inquis, corporis moles transire per ostia, quae clausa erant. Quanta erat illa moles, rogo te? Tanta utique, quanta est in omnibus: numquid tanta, quanta est in camelo? Non utique tanta. Lege Evangelium, audi: ipsam difficultatem divitis intrantis in regnum caelorum cum voluisset ostendere, ait, „Facilius intrat camelus per foramen acus, quam dives in regnum caelorum." Hoc audito discipuli, considerantes nullo modo fieri posse, ut camelus per foramen acus intraret, contristati sunt apud se, dicentes, „Si ita est, quisnam poterit salvare semet ipsum"? Si facilius intrat camelus per foramen acus quam dives in regnum caelorum; nullo modo potest camelus intrare per foramen acus; nullus ergo divitum salvari potest. Respondit Dominus: „Quae hominibus impossibilia sunt, Deo facilia sunt". Potest Deus et camelum per foramen acus trajicere, et divitem introducere in regnum caelorum. Quid mihi de ostiis clausis calumniaris? Ostia clausa habent vel rimam: compara rimam ostiorum foramini acus, compara molem carnis humanae magnitudini camelorum: et noli calumniari divinitati miraculorum.

XXX.

Sermo CCLXXXVI. (In natali Martyrum Protasii et Gervasii). §. 5: Non cessat Deus adtestari: et novit quomodo ipsa miracula sua debeat commendare. Novit agere, ut magnificentur: novit agere, ne vilescant. Non omnibus donat per martyres sanitatem: sed omnibus promittit imitatoribus martyrum immortalitatem.

Tom. VI.

XXXI.

De fide rerum quae non videntur, cap. IV, §. 7:
... Haec vos non vidistis, propterea credere recusatis. Ergo haec adspicite, in haec intendite... quae vobis... praesentia demonstrantur. An vobis inane vel leve videtur, et nullum vel parvum putatis esse miraculum divinum, quod in nomine unius crucifixi universum genus currit humanum?
Ebdas. cap. VII, §. 10:
Quamquam etiam si de Christo et Ecclesia testimonia nulla praecederent, quem non movere deberet ut crederet, repente illuxisse divinam humano generi claritatem, quando videmus relictis diis falsis, et eorum confractis usquequaque simulacris, templis subversis, sive in usus alios commutatis, atque ab humana veternosissima consuetudine tot vanis ritibus exstirpatis, unum verum

Deum ab omnibus invocari? Et hoc esse factum per unum hominem ab hominibus illusum, comprehensum, vinctum, flagellatum, expalmatum, exprobratum, crucifixum, occisum. Etc.

XXXII.

De divers. quaestionibus octoginta tribus, quaestio 79:

§. 1. Omnis anima partim privati cujusdam juris sui potestatem gerit, partim universitatis legibus sicut publicis coercetur et regitur. Quia ergo unaquaeque res visibilis in hoc mundo habet potestatem angelicam sibi praepositam, sicut aliquot locis divina Scriptura testatur, de ea re cui praeposita est, aliter quasi privato jure agit, aliter tamquam publice agere cogitur. Potentior est enim parte universitas; quoniam illud quod ibi privatim agit, tantum agere sinitur, quantum lex universitatis sinit. Sed unaquaeque anima tanto est pietate purgatior, quanto privato suo minus delectata, legem universitatis intuetur, eique devote ac libenter obtemperat. Est enim lex universitatis divina sapientia. Quanto autem amplius privato suo gaudet, et neglecto Deo, qui omnibus animis utiliter ac salubriter praesidet, ipsa sibi, vel aliis quibus potuerit, vult esse pro Deo, suam potius in se vel in alios, quam illius in omnes diligens potestatem, tanto est sordidior, tantoque magis poenaliter divinis legibus tamquam publicis servire cogitur. Quanto igitur etiam humana anima deserto Deo suis honoribus vel sua potestate fuerit delectata, tanto magis subditur talibus potestatibus, quae privato suo gaudent, et honorari ab hominibus sicut dii cupiunt; quibus divina lege saepe conceditur, ut eis quos sibi secundum eorum merita subjugaverint, privato illo jure etiam miraculorum aliquid praestent, in his rebus exhibendorum, quibus sunt infimo, sed tamen ordinatissimo potestatum gradu praepositae. Sed ubi divina tamquam publica. lex jubet, vincit utique privatam licentiam: quamquam et ipsa privata licentia, nisi universalis potestatis divinae permissione, nulla esset. Ideoque fit, ut sancti Dei servi, quando hoc donum eos habere utile est, secundum publicam et quodam modo imperialem legem, hoc est, summi Dei potestatem imperent infimis potestatibus ad quaedam visibilia miracula fahienda: in illis enim Deus ipse imperat, cujus templum sunt, et quem contemta sua privata potestate ardentissime diligunt. In magicis autem imprecationibus, ad illecebram deceptionis, ut sibi subjugent eos quibus talia concedunt, praestant effectum precibus et ministeriis eorum, privato illo jure largientes, quod sibi licet largiri, honorantibus se, sibique servientibus, et quaedam secum in sacramentis suis pacta servantibus. Et quando videntur imperare magi, per sublimiorum nomina inferiores terrent; et nonnulla visibilia, quae propter infirmitatem carnis magna videntur hominibus non valentibus aeterna contueri, quae per se ipsum praestat dilectoribus suis verus Deus, mirantibus exhibent. Haec autem permittit Deus juste omnia moderans, ut pro cupiditatibus et electionibus, suis servitutes eorum libertatesque distribuat. Et si quando invocatione summi Dei, aliquid pro suis malis cupiditatibus impetrant, vindicta est illa, non gratia. Non enim frustra dicit Apostolus, „Tradidit (Rom I, 26) illos Deus in desideria cordis eorum." Quorumdam enim peccatorum perpetrandorum facilitas poena est aliorum praecedentium.

§. 2. Quod autem Dominus dicit, „non potest satanas satanam excludere" (Marc. 3, 23): ne forte quisquam utens nominibus aliquarum infimarum potestatum, cum daemonium excluserit, falsam putet esse istam Domini sententiam; ad hoc intelligat dictum, quia hoc modo satanas, etiamsi corpori aut corporis sensibus parcit, ideo parcit, ut ipsius hominis voluntati per impietatis errorem triumpho majore dominetur. Hoc autem modo non exit satanas, sed potius in intima ingreditur, ut in eo sic operetur quemadmodum dicit Apostolus: „Secundum principem (Ephes. II, 2) potestatis aëris hujus, qui nunc operatur in filiis diffidentiae." Non enim sensus corporis eorum turbabat atque torquebat, aut eorum corpora collidebat, sed in eorum voluntate, vel potius cupiditate regnabat.

§, 3. Quod autem dicit (Mth. 24, 24) pseudoprophetas multa signa et prodigia facturos, ita ut fallant etiam, si fieri potest, electos; admonet utique ut intelligamus quaedam miracula etiam sceleratos homines facere, qualia sancti facere non possunt: nec tamen ideo potioris loci apud Deum esse arbitrandi sunt. Non enim acceptiores erant Deo, quam populus Israel, magi Aegyptiorum, quia non poterat ille populus facere quod illi faciebant: quamvis Moyses in virtute Dei majora potuerit. Sed ideo non omnibus sanctis ista tribuuntur, ne perniciosissimo errore decipiantur infirmi, existimantes in talibus factis majora dona esse, quam in operibus justitiae, quibus aeterna vita comparatur. Propterea Dominus prohibet hinc gaudere discipulos, cum ait, „Nolite in hoc gaudere, quoniam spiritus vobis subjiciuntur; sed in hoc gaudete, quoniam nomina vestra scripta sunt in caelis". (Luc. 10, 20.)

§. 4. Cum ergo talia faciunt magi, qualia nonnumquam sancti faciunt, talia quidem visibiliter esse apparent, sed et diverso fine et diverso jure fiunt. Illi enim faciunt quaerentes gloriam suam, isti quaerentes gloriam Dei: et illi faciunt per quaedam potestatibus concessa in ordine suo, quasi privata commercia vel veneficia, isti autem publica administratione, jussu ejus cui cuncta creatura subjecta est. Aliter enim cogitur possessor equum dare militi, aliter eum tradit emtori, vel cuilibet donat aut commodat. Et quemadmodum plerique mali milites, quos imperialis disciplina condemnat, signis imperatoris sui nonnullos possessores territant, et ab eis aliquid, quod publice non jubetur, extorquent: ita nonnumquam mali Christiani, vel schismatici, vel haeretici per nomen Christi aut verba aut sacramenta Christiana exigunt aliquid a potestatibus, quibus honori Christi cedere indictum est. Cum autem malis jubentibus cedunt, voluntate ad seducendos homines cedunt, quorum errore lactantur. Quapropter aliter magi faciunt miracula, aliter boni Christiani, aliter mali Christiani: magi per privatos contractus, boni Christiani per publicam justitiam, mali Christiani per signa publicae justitiae. Nec mirum est, quod haec signa valent, cum ab eis adhibentur; quando etiam cum usurpantur ab extraneis, qui omnino suum nomen ad istam militiam non dederunt, propter honorem tamen excellentissimi Imperatoris valent. Ex quibus fuit ille, de quo discipuli Domino nuntiaverunt (Luc. 9, 46), quod in nomine ejus ejiceret daemonia, quamvis cum eis eum non sequeretur. Cum autem non cedunt his signis hujusmodi potestates, Deus ipse prohibet occultis modis, cum id justum atque utile judicat. Nam nullo modo ulli spiritus audent haec signa contemnere: contremiscunt enim haec, ubicumque illa conspexerint. Sed nescientibus hominibus aliud jubetur divinitus, vel ad confundendos malos, cum eos oportet confundi; sicut de Scevae filiis in Actibus Apostolorum legimus, quibus (Act. 19, 14) ait immundus spiritus, „Jesum scio, et Paulum novi, vos autem qui estis?" vel ad admonendos bonos, ut proficiant in fide, atque ista non jactanter, sed utiliter possint: vel ad discernenda dona membrorum Ecclesiae; sicut Apostolus ait, „Numquid omnes virtutes, numquid omnes (1. Cor. 12, 30) habent dona curationum"? Propter has igitur caussas plerumque, ut dictum est, nescientibus hominibus jubetur divinitus, id est, ut his signis adhibitis hujusmodi potestates voluntati hominum non obtemperent.

§. 5. Ut autem mali bonis saepe temporaliter noceant, potestates in eos accipiunt, ad majorem bonorum utilitatem, propter exercitationem patientiae. Itaque anima Christiana semper invigilet in tribulationibus suis sequi voluntatem Domini sui, nec ordinationi Dei resistendo adquirat sibi gravius judicium. Quod enim ipse Dominus agens hominem Pontio Pilato dixit, hoc et Job. diabolo posset dicere: „Non haberes in me potestatem, nisi data esset tibi de super." Non ergo ejus voluntas cujus malitiae potestas in bonos datur, sed ejus voluntas a quo haec potestas datur, debet nobis esse carissima. „Quoniam tribulatio patientiam operatur (Rom. 5, 3), patientia probationem, probatio vero spem, spes autem non confundit; quia caritas Dei diffusa est in cordibus nostris per Spiritum-sanctum, qui datus est nobis".

XXXIII.

De agone Christiano, cap. 24, §. 26:

... Nec nos moveat quod clausis ostiis subito eum apparuisse discipulis scriptum est, ut propterea negemus illud fuisse corpus humanum, quia contra naturam hujus corporis videmus esse, per clausa ostia intrare. Omnia enim possibilia sunt Deo. Nam et ambulare super aquas contra naturam hujus corporis esse manifestum est; et tamen non solum ipse Dominus ante passionem ambulavit, sed etiam Petrum ambulare fecit. Ita ergo et post resurrectionem de corpore suo fecit quod voluit. Si enim potuit ante passionem clarificare illud sicut splendorem solis, quare non potuit et post passionem ad quantam vellet subtilitatem in temporis momento redigere, ut per clausa ostia posset intrare?

Tom. VII.

XXXIV.

De civitate Dei lib. X, cap. 12:

... Quicquid mirabile fit in hoc mundo, profecto minus est, quam totus hic mundus, id est caelum et terra et omnia quae in eis sunt, quae certe Deus fecit. Sicut autem ipse qui fecit, ita modus quo fecit occultus est et incompresenhibilis homini. Quamvis itaque miracula visibilium naturarum videndi assiduitate viluerint, tamen, cum ea sapienter intuemur, inusitatissimis rarissimisque majora sunt. Nam et omni miraculo quod fit per hominem, majus miraculum est homo.

XXXV.

De civitate Dei, lib. XXI, cap. 5 ff.:

Homines infideles, qui (quibus) cum divina vel praeterita vel futura miracula praedicamus, quae illis experienda non valemus ostendere, rationem a nobis earum flagitant rerum; quam quoniam non possumus reddere (excedunt enim vires mentis humanae), existimant falsa esse quae dicimus; ipsi de tot mirabilibus rebus, quas vel videre possumus, vel videmus, debent reddere rationem. Quod si fieri ab homine non posse perviderint, fatendum est eis, non ideo aliquid non fuisse, vel futurum non esse, quia ratio inde non potest reddi; quando quidem sunt ista de quibus similiter non potest. Non itaque pergo per plurima quae mandata sunt literis, non gesta atque transacta, sed in locis quibusque manentia: quo si quisquam ire voluerit et potuerit, utrum vera sint, explorabit, sed pauca commemoro. Agrigentinum Siciliae salem perhibent: cum fuerit admotus igni, velut in aqua fluescere; cum vero ipsi aquae, velut in igne crepitare. Apud Garamantas quendam fontem tam frigidum diebus, ut non bibatur; tam fervidum noctibus, ut non tangatur. In Epiro alium fontem, in quo faces, ut in caeteris, exstinguuntur accensae; sed, non ut in caeteris, accenduntur exstinctae. Asbeston Arcadiae lapidem propterea sic vocari, quod accensus semel iam non possit exstingui. Lignum cuiusdam ficus Aegyptiae, non ut ligna caetera in aquis natare, sed mergi; et quod est mirabilius, cum in imo aliquamdiu fuerit, inde ad aquae superficiem rursus emergere, quando madefactum debuit humoris pondere praegravari. Poma in terra Sodomorum gigni quidem, et ad maturitatis faciem pervenire; sed morsu pressuve tentata, in fumum ac favillam corio fatiscente vanescere. Pyritem lapidem Persicum tenentis manum, si vehementius prematur, adurere, propter quod ab igne nomen accepit. In eadem Perside gigni etiam lapidem Selenitem, cuius interiorem candorem cum luna crescere atque deficere. In Cappadocia etiam vento equas concipere, eosdemque foetus non amplius triennio vivere. Tilon Indiae insulam eo praeferri caeteris terris, quod omnis arbor quae in ea gignitur, nunquam nudatur tegmine foliorum.

De his atque aliis innumerabilibus mirabilibus, quae historia non factorum et transactorum, sed manentium locorum tenet, mihi autem aliud agenti ea persequi nimis longum est, reddant rationem, si possunt, infideles isti, qui nolunt divinis literis credere; quid aliud quam non putantes eas esse divinas, eo quod res habeant incredibiles, sicuti hoc est unde nunc agimus.

Cap. 6. ... Non habemus necesse omnia credere quae continet historia gentium, cum et ipsi inter se historici, sicut ait Varro, quasi data opera et quasi ex industria permulta dissentiant; sed ea, si volumus, credimus quae non adversantur libris, quibus non dubitamus oportere nos credere.

Cap. 7. Cur itaque facere non possit Deus, ut et resurgant corpora mortuorum, et igne aeterno crucientur corpora damnatorum, qui fecit mundum in coelo, in terra, in aere, in aquis, innumerabilibus miraculis plenum; cum sit omnibus quibus plenus est procul dubio maius et excellentius etiam ipse mundus miraculum?

... Quae melior et validior ratio de rebus talibus redditur, quam cum omnipotens ea posse facere perhibetur, et facturus dicitur, quae praenuntiasse ibi legitur, ubi alia multa praenuntiavit, quae fecisse monstratur? Ipse quippe faciet, quia se facturum esse praedixit, quae impossibilia putantur, qui promisit et fecit ut ab incredulis gentibus incredibilia crederentur. Cap. 8. Est in Marci Varronis libris, quorum inscriptio est „De gente populi Romani", quod eisdem verbis, quibus ibi legitur, et hic ponam: „In caelo, inquit, mirabile exstitit portentum: nam in stella Veneris nobilissima, quam Plautus Vesperuginem, Homerus Hesperon appellat, pulcherrimam dicens, Castor scribit tantum portentum exstitisse, ut mutaret colorem, magnitudinem, figuram, cursum: quod factum ita neque antea, neque postea sit. Hoc factum Ogyge rege dicebant Adrastus Cyzicenus et Dion Neapolites, mathematici nobiles." Hoc certe Varro tantus auctor portentum non appellaret, nisi esse contra naturam videretur. Omnia quippe portenta contra naturam dicimus esse: sed non sunt. Quomodo est enim contra naturam, quod Dei fit voluntate, quum voluntas tanti utique Conditoris conditae rei cuiusque natura sit? Portentum ergo fit, non contra naturam, sed contra quam est nota natura.

.... Non ergo de notitia naturarum caliginem sibi faciant infideles, quasi non possit in aliqua re divinitus fieri aliud, quam in eius natura per humanam suam experientiam cognoverunt, quamvis et ipsa quae in rerum natura omnibus nota sunt, non minus mira sint, essentque stupenda considerantibus cunctis, si solerent homines mirari mira nisi rara. Quis enim, consulta ratione, non videat in hominum innumerabili numerositate, et tanta naturae similitudine, valde mirabiliter sic habere singulos singulas facies, ut nisi inter se similes essent, non discerneretur species eorum ab animalibus caeteris, et rursus nisi inter se dissimiles essent, non discernerentur singuli ab hominibus caeteris? Quos ergo similes confitemur, eosdem dissimiles invenimus.

XXXVI.

De civitate Dei, lib. XXII, cap. 5:

Hoc incredibile fuerit aliquando: ecce iam credidit mundus sublatum terrenum Christi corpus in caelum; resurrectionem carnis et adscensionem in supernas sedes, paucissimis remanentibus atque stupentibus, vel doctis, vel indoctis, iam crediderunt et docti et indocti. Si rem credibilem crediderunt, videant quam sint stolidi, qui non credunt: si autem res incredibilis credita est, etiam hoc utique incredibile est, sic creditum esse, quod incredibile est. Haec igitur duo incredibilia, resurrectionem scilicet nostri corporis in aeternum, et rem tam incredibilem mundum esse crediturum, idem Deus ante quam vel unum horum fieret, ambo futura esse praedixit. Unum duorum incredibilium iam factum videmus, ut quod erat incredibile, crederet mundus: cur id quod reliquuum est desperatur, ut etiam hoc veniat, quod incredibile credidit mundus, sicut iam venit, quod similiter incredibile fuit, ut rem tam incredibilem crederet mundus, quando quidem hoc utrumque incredibile, quorum videmus unum, alterum credimus, in eisdem literis praedictum sit, per quas credidit mundus? Et ipse modus quo mundus credidit, si consideretur, incredibilior invenitur. Ineruditos liberalibus disciplinis; et omnino, quantum ad istorum doctrinas attinet, impolitos, non peritos grammatica, non armatos dialectica, non rhetorica inflatos, piscatores Christus cum retibus fidei ad mare huius saeculi paucissimos misit, atque ita ex omni genere tam multos pisces, et tanto mirabiliores, quanto rariores etiam ipsos philosophos cepit. Duobus illis incredibilibus, si placet, imo quia placere debet, addamus hoc tertium. Iam ergo tria sunt incredibilia, quae tamen facta sunt. Incredibile est Christum resurrexisse in carne, et in caelum adscendisse cum carne: incredibile est mundum rem tam incredibilem credidisse: incredibile est homines ignobiles, infimos, paucissimos, imperitos rem tam incredibilem, tam efficaciter mundo, et in illo etiam doctis persuadere potuisse. Horum trium incredibilium primum nolunt isti, cum quibus agimus, credere; secundum coguntur et cernere; quod non inveniunt unde sit factum, si non credunt tertium. Resurrectio certe Christi, et in caelum cum carne in qua resurrexit adscensio, toto iam mundo praedicatur et creditur: si credibilis non est, unde toto terrarum orbe iam credita est? Si multi nobiles, sublimes, docti eam se vidisse dixerunt, et quod viderunt, diffamare curarunt, eis mundum credidisse non mirum est; sed istos adhuc cedere nolle perdurum est: si autem ut verum est, paucis, obscuris, minimis, indoctis eam se vidisse dicentibus et scribentibus credidit mundus, cur pauci obstinatissimi, qui remanserunt, ipsi mundo iam credenti adhuc usque non credunt? Qui propterea numero exiguo ignobilium, infimorum, imperitorum hominum credidit, quia in tam contemtibilibus testibus multo mirabilius divinitas se ipsa persuasit. Eloquia namque persuadentium, quae dicebant, mira fuerunt facta, non verba. Qui enim Christum in carne resurrexisse, et cum illa in caelum adscendisse non viderant, id se vidisse narrantibus, non loquentibus tantum, sed etiam mirifica facientibus signa credebant. Homines quippe, quos unius, vel ut multum, duarum linguarum fuisse noverant, repente linguis omnium gentium loquentes mirabiliter audiebant. Claudum ab uberibus matris ad eorum verbum in Christi nomine post quadraginta annos incolumem constitisse; sudaria de corporibus eorum ablata sanandis profuisse languentibus; in via qua fuerant transituri positos in ordine innumerabiles morbis variis laborantes, ut ambulantium super eos umbra transiret, continuo salutem solere recipere; et alia multa stupenda in Christi nomine per eos facta (signa), postremo etiam mortuos resurrexisse cernebant. Quae si, ut leguntur, gesta esse concedunt, ecce tot incredibilia tribus illis incredibilibus addimus; et ut credatur unum incredibile, quod de carnis resurrectione atque in caelum adscensione dicitur, multorum incredibilium testimonia tanta congerimus, et nondum ad credendum horrenda duritia incredulos flectimus. Si vero per Apostolos Christi, ut eis crederetur, resurrectionem atque adscensionem praedicantibus Christi, etiam ista miracula facta esse non credunt, hoc nobis unum grande miraculum sufficit, quod eam terrarum orbis sine ullis miraculis credidit.

Tom. VIII.

XXXVII.

De utilitate credendi, cap. 16, §. 34:

... Sola est auctoritas, quae commovet stultos ut ad sapientiam festinent. Quamdiu intelligere sincera non possumus, auctoritate quidem decipi miserum est: sed certe miserius non moveri. Si enim Dei providentia non praesidet

rebus humanis, nihil est de religione satagendum. Sin vero et species rerum
omnium, quam profecto ex aliquo verissimae pulcritudinis fonte manare credendum est, et interior nescio quae conscientia Deum quaerendum Deoque
serviendum meliores quosque animos quasi publice privatimque hortatur: non est
desperandum ab eodem ipso Deo auctoritatem aliquam constitutam, quo velut
gradu certo innitentes, adtollamur in Deum. Haec autem, seposita ratione, quam
sinceram intelligere, ut saepe diximus, difficillimum stultis est, dupliciter nos
movet, partim miraculis, partim sequentium multitudine. Nihil horum est necessa-
rium sapienti: quis negat? Sed id nunc agitur, ut sapientes esse possimus, id est,
inhaerere veritati: quod profecto sordidus animus non potest. Sunt autem sordes
animi, ut brevi explicem, amor quarumlibet rerum, praeter animum et Deum: a quibus sordibus quanto est quis purgatior, tanto verum facilius intuetur. Verum
igitur videre velle, ut animum purges, cum ideo purgetur ut videas, perver-
sum certe atque praeposterum est. Homini ergo non valenti verum intueri,
ut ad id fiat idoneus, purgarique se sinat, auctoritas praesto est: quam, ut
paulo ante dixi, partim miraculis, partim multitudine valere nemo ambigit.
Miraculum voco, quidquid arduum aut insolitum supra spem vel
facultatem mirantis apparet. In quo genere nihil est populis aptius et
omnino stultis hominibus, quam id quod sensibus admovetur. Sed rursus haec in duo dividuntur: quaedam enim sunt quae solam faciunt admirationem; quaedam vero magnam etiam gratiam benevolentiamque conciliant.
Nam si quis volantem hominem cernat, cum ea res nihil spectatori afferat
commodi praeter ipsum spectaculum, miratur tantummodo. Si quis autem gravi
et desperato morbo affectus, mox ut jussum fuerit convalescat, admirationem sanitatis suae, sanantis etiam caritate superabit. Talia facta sunt illo
tempore, quo Deus in vero homine, quantum sat erat, hominibus apparebat.
Sanati languidi, mundati leprosi; incessus claudis, caecis visus, surdis auditus
est redditus. Homines illius temporis aquam in vinum conversam, saturata
quinque millia quinque panibus, transita pedibus maria, mortuos resurgentes
viderunt: ita quaedam corpori manifestiore beneficio, quaedam vero menti oc-
cultiore signo, et omnia hominibus majestatis testimonio consulebant: sic in
se tunc animas errantes mortalium divina commovebat auctoritas. Cur, inquis,
ista modo non fiunt? Quia non movent, nisi mira essent: at si
solita essent, mira non essent. Nam diei et noctis vices, et constantis-
simum ordinem rerum caelestium, annorum quadrifariam conversionem, deci-
dentes redeuntesque frondes arboribus, infinitam vim seminum, pulcritudinem
lucis, colorum, sonorum, odorum saporumque varietates, da qui primum videat
atque sentiat, cum quo tamen loqui possimus, hebescit obruiturque miraculis:
nos vero haec omnia non cognoscendi facilitate (quid enim caussis horum ob-
scurius?) sed certe sentiendi assiductate contemnimus. Facta sunt igitur
illa opportunissime, ut his multitudine credentium congregata atque pro-
pagata, in ipsos mores utilis converteretur auctoritas.

XXXVIII.

De trinitate lib. III, cap. 5 u. ff.:

Cap. 5: VI ... divina totam spiritalem corporalemque administrante
creaturam, omnium annorum certis diebus advocantur aquae maris, et effun-

duntur super faciem terrae. Aber, als Elias darum bat 1 Reg. 18, 45 — apparuit vis divina ...... Ita Deus operatur sollemnia fulgura atque tonitrua: sed quia in monte Sina inusitato (Exod. 19, 16) modo fiebant, vocesque illae non strepitu confuso edebantur, sed eis quaedam signa dari certissimis indiciis apparebat, miracula erant. Quis adtrahit humorem per radicem vitis ad botrum, et vinum facit, nisi Deus, qui et homine plantante et rigante incrementum dat? Sed cum ad nutum Domini aqua in vinum inusitata celeritate conversa est, etiam stultis fatentibus vis divina declarata est ......

Cap. 6. Et quis reddidit cadaveribus animas suas, cum resurgerent mortui, nisi qui animat carnes in uteris matrum, ut oriantur morituri? Sed cum fiunt illa continuato quasi quodam fluvio labentium manantiumque rerum, et ex occulto in promtum, atque ex promto in occultum, usitato itinere transeuntium, naturalia dicuntur: cum vero admonendis hominibus inusitata mutabilitate ingeruntur, magnalia nominantur.

Cap. 7. Dergleichen Wunder, wendet man ein, geschehen auch magicis artibus, z. B. von den Magern Pharaos. Aber die Magerkraft, quae serpentes facere potuit, ubi ad. muscas minutissimas ventum est, omnino defecit. Man sieht also, dass auch die bösen Engel nichts vermögen, nisi data de super potestate. Datur autem vel ad fallendos fallaces — vel ad admonendos fideles ne tale aliquid facere pro magno desiderent — vel ad exercendam, probandam, manifestandamque justorum patientiam.

XXXIX.

De trinitate lib. III, cap. 8; §. 13:

... Et damnatis iniquis etiam in metallo servit aqua, et ignis et terra, ut faciant inde quod volunt, sed quantum sinitur.

... Omnium rerum qnae corporaliter visibiliterque nascuntur, occulta queadam semina in istis corporeis mundi hujus elementis latent. Alia sunt enim haec jam conspicua oculis nostris ex fructibus et animantibus, alia vero illa occulta istorum seminum semina, unde jubente Creatore produxit aqua prima natatilia et volatilia, terra autem prima sui generis germina, et prima sui generis animalia. Neque enim tunc in hujuscemodi fetus ita producta sunt, ut in eis quae producta sunt vis illa consumta sit: sed plerumque desunt congruae temperamentorum occasiones, quibus erumpant, et species suas peragant. Ecce enim brevissimus surculus semen est, nam convenienter mandatus terrae arborem facit. Hujus autem surculi subtilius semen aliquod ejusdem generis granum est, · et huc usque nobis visibile. Jam vero hujus etiam grani semen quamvis oculis videre nequeamus, ratione tamen conjicere possumus: quia nisi talis aliqua vis esset in istis elementis, non plerumque nascerentur ex terra quae ibi seminata non essent; nec animalia tam multa, nulla marium feminarumque commixtione praecedente, sive in terra sive in aqua, quae tamen crescunt et coeundo alia pariunt, cum illa nullis coeuntibus parentibus orta sint. Et certe apes semina filiorum non coeundo concipiunt, sed tamquam sparsa per terras ore colligunt. Invisibilium enim seminum creator, ipse creator est omnium rerum: quoniam quaecumque nascendo ad oculos nostros exeunt, ex occultis seminibus accipiun[t]

progrediendi primordia, et incrementa debitae magnitudinis distinctionesque
formarum ab originalibus tamquam regulis sumunt. Sicut ergo nec parentes
dicimus creatores hominum, nec agricolas creatores frugum, quamvis eorum
extrinsecus adhibitis motibus ista creanda Dei virtus interius operatur: ita
non solum malos, sed nec bonos angelos fas est putare creatores, si pro sub-
tilitate sui sensûs et corporis, semina rerum istarum nobis occultiora noverunt, et ea per congruas temperationes elementorum latenter spargunt, atque
ita gignendarum rerum et accelerandorum incrementorum praebent occasiones.
Sed nec boni haec, nisi quantum Deus jubet, nec mali haec injuste faciunt,
nisi quantum juste ipse permittit. Nam iniqui malitia voluntatem suam habet
injustam, potestatem autem non nisi juste accipit, sive ad poenam suam, sive
ad aliorum, vel poenam malorum, vel laudem bonorum.

XL.

De trinitate lib. III, cap. 9, §. 19 ff.:
Exceptis igitur illis, quae usitatissimo transcursu temporum in rerum naturae ordine corporaliter fiunt, sicuti sunt ortus occasusque siderum, genera-
tiones et mortes animalium, seminum et germinum innumerabiles diversitates,
nebulae et nubes, nives et pluviae, fulgura et tonitrua, fulmina et grandines,
venti et ignes, frigus et aestus, et omnia talia: exceptis etiam illis quae in
eodem ordine rara sunt, sicut defectus luminum, et species inusitatae siderum,
et monstra et terrae motus, et similia: exceptis ergo istis omnibus, quorum
quidem prima et summa caussa non est nisi voluntas Dei: unde et in Psalmo,
cum quaedam hujus generis essent commemorata, ignis, grando, nix, glacies,
spiritus tempestatis, ne quis ea vel fortuitu, vel caussis tantummodo corpora-
libus, vel etiam spiritalibus, tamen praeter voluntatem Dei exsistentibus agi
crederet, continuo subjecit „Quae faciunt verbum ejus“. (Cap. 10.) Sed his,
ut dicere coeperam, exceptis, alia sunt illa quae quamvis ex eadem
materia corporali, ad aliquid tamen divinitus annuntiandum nostris sensibus admoventur, quae proprie miracula
et signa dicuntur, nec in omnibus quae nobis a Domino Deo annun-
tiantur, ipsius Dei persona suscipitur. Cum autem suscipitur, aliquando in an-
gelo demonstratur, aliquando in ea specie quae non est quod angelus, quamvis per angelum disposita ministretur: rursum cum in ea specie suscipitur quae
non est quod angelus, aliquando jam erat ipsum corpus, et ad hoc demon-
strandum in aliquam mutationem assumitur; aliquando ad hoc exoritur, et re
peracta rursus absumitur . . . . . .

XLI.

Contra Faustum Manichaeum lib. XXVI, cap. 3:
Quidquid de Enoch et de Elia et de Moyse Scriptura sancta, certis et
magnis suae fidei documentis in summo culmine auctoritatis locata testatur,
hoc credimus, non quod Faustus nos credere suspicatur. Quid sit autem
secundum naturam, quid contra naturam, homines qui sicut vos errant,
nosse non possunt. Dici autem humano more contra naturam esse, quod est
contra naturae usum mortalibus notum, nec nos negamus: sicut illud est quod

Apostolus ait (Rom. 11, 37) „Si tu ex naturali incisus oleastro, et contra naturam insertus es in bonam olivam": id esse contra naturam dixit, quod est contra consuetudinem naturae, quam notitia humana comprehendit, ut oleaster insertus in olea, non oleastri baccas, sed olivae pinguedinem ferat. Deus autem creator et conditor omnium naturarum, nihil contra naturam facit: id enim erit cuique rei naturale, quod ille fecerit, a quo est omnis modus, numerus, ordo naturae. Sed nec ipse homo contra naturam quidquam facit, nisi cum peccat, qui tamen supplicio redigitur ad naturam. Ad naturalem quippe justitiae ordinem pertinet, ut aut peccata non fiant, aut impunita esse non valeant: quodlibet horum sit, naturalis ordo servatur, si non ab anima, certe a Deo ...... Sed contra naturam non incongrue dicimus aliquid Deum facere, quod facit contra id quod novimus in natura. Hanc enim etiam appellamus naturam, cognitum nobis cursum solitumque naturae, contra quem Deus cum aliquid facit, magnalia vel mirabilia nominantur. Contra illam vero summam naturae legem, a notitia remotam, sive impiorum, sive adhuc infirmorum, tam Deus nullo modo facit, quam contra se ipsum non facit. Spiritalis autem eademque rationalis creatura, in quo genere et anima humana est, quanto amplius illius incommutabilis legis lucisque fit particeps, tanto magis videt quid fieri possit, quidve non possit: quanto autem remotior inde fuerit, eo magis miratur insolita, quo minus cernit futura.

XLII.

Contra Faustum Manichaeum lib. XXIX, cap. 2:

... Non autem ideo magia videri potest nata ex virgine hominis caro, quia caro Christi sola ita nata est: sicut nec illa magia est, quia sola Christi caro die tertio resurrexit, numquam ulterius moritura. Alioquin omnia miracula Dei magica erunt, quia singulariter facta sunt: sed vere facta sunt, verumque ostenderunt, non oculos hominum praestigiis fallacibus illuserunt: quae quidem contra naturam plerumque appellantur, non quod naturae adversentur, sed quod naturae modum, qui nobis est usitatus, excedant.

In demselben Verlage sind erschienen:

Confessio fidei, exhibita imperatori Carolo V in comitiis Augustae MDXXX, confutatio pontificia, apologia et repetitio confessionis, ratio fidei Huldrici Zwinglii et Tetrapolitana. Ad codicum et editionum veterum fidem recensuit, varii generis animadversionibus instruxit rerumque indice illustravit Superint. Prof. Eques Dr. Chr. W. Spieker. Pars I. 8maj. 1831. 2 Thlr. 22½ Sgr.

Glaubensbekenntniß, das Augsburgische, und die Apologie desselben. Mit kritischen, geschichtlichen und erläuternden Anmerkungen von Chr. W. Spieker. Zwei Bände. Gr. 8. 1831. 3 Thlr.

Koch, J. F. W. Die preußischen Universitäten. Eine Sammlung der Verordnungen, welche die Verfassung und Verwaltung dieser Anstalten betreffen. Zwei Bände. Gr. 8. 1839, 1840. 9 Thlr.

Ueberweg, Dr. Fr., Grundriss der Geschichte der Philosophie von Thales bis auf die Gegenwart. I. Theil: Das Alterthum (die vorchristliche Zeit). Zweite durchgesehene u. erweit. Auflage. Gr. 8. 1865. 1 Thlr. 12 Sgr.

Dasselbe. II. Theil 1. Abth.: Die patristische Zeit. Gr. 8. 1864. 20 Sgr.

Dasselbe. II. Theil 2. Abth.: Die scholastische Zeit. Gr. 8. 1864. 20 Sgr.

(Das Werk wird mit Abth. III.: „Neuere Philosophie" ohne Unterbrechung zu Ende geführt.)